现代农村经济管理探析

张华伟　段增霞　李海燕◎著

中国出版集团　现代出版社

图书在版编目（CIP）数据

现代农村经济管理探析 / 张华伟，段增霞，李海燕
著. -- 北京：现代出版社，2023.12
ISBN 978-7-5231-0644-0

Ⅰ. ①现… Ⅱ. ①张… ②段… ③李… Ⅲ. ①农村经
济－经济管理－研究－中国 Ⅳ. ①F32

中国国家版本馆CIP数据核字(2023)第235132号

著　　者　　张华伟　段增霞　李海燕
责任编辑　　袁子茵

出 版 人　　乔先彪
出版发行　　现代出版社
地　　址　　北京市安定门外安华里504号
邮政编码　　100011
电　　话　　(010) 64267325
传　　真　　(010) 64245264
网　　址　　www.1980xd.com
印　　刷　　北京四海锦诚印刷技术有限公司
开　　本　　787mm×1092mm　1/16
印　　张　　11.5
字　　数　　220千字
版　　次　　2023年12月第1版　2023年12月第1次印刷
书　　号　　ISBN 978-7-5231-0644-0
定　　价　　58.00元

前　言

　　农村经济是我国国民经济的重要基础和组成部分。在农村各生产部门和部门内部不同生产项目之间，农村经济结构的比例与组合能对农业资源起到转换和释放功能的作用。而按照"市场决定结构、结构决定功能、功能决定效益"的逻辑，不同层次的社会需求会产生不同的产品与服务需求结构。农业产业结构的变动会促使农业与农村产业结构更加合理，并朝着专业化、多样化与高级化的方向发展。农业是国民经济的基础，事关经济社会发展和国计民生。近年来，随着各级对"三农"问题重视程度的提高以及相关投入的增加，农业农村经济呈现出持续快速发展的良好态势。

　　随着我国经济的飞速发展，在良好经济环境的背景下加上改革开放政策的推进，我国农村基础建设和各项工作落实得到了明显的进步和完善。农村经济管理工作对农村经济的发展非常关键，农村经济管理的内容也非常广泛，因此，要切实做好农村经济管理工作，明确农村经济管理的核心内容非常重要。本书从现代农村经济管理的基础认知出发，概述了农村经济管理，接着对农村经济组织构建进行专业分析与探索，后对农村经济组织的生产管理进行梳理与总结，接着对营运资金管理、农村金融对农村经济发展的作用机制与对策建议作出分析与探究，后对农产品市场与物流管理作出专业分析，最后对电子商务与农村经济的建设进行梳理与研究。

　　作者在写作的过程中，参考了大量的相关资料，在此，向有关专家和学者表示诚挚的谢意。由于时间和水平有限，书中难免有疏漏及不妥之处，恳请广大读者批评指正。

目　录

第一章　现代农村经济管理概述 ……………………………………… 1

　　第一节　现代农村经济管理的基础认知 ……………………… 1

　　第二节　现代农村经济管理中的生产要素管理 …………… 20

第二章　农村经济组织构建 ………………………………………… 31

　　第一节　农林专业合作社的建立 ……………………………… 31

　　第二节　涉农企业的建立 ……………………………………… 35

　　第三节　家庭农场的建立 ……………………………………… 41

　　第四节　农业科技园区的建立 ………………………………… 45

第三章　农村经济组织的生产管理 ……………………………… 59

　　第一节　种植业生产过程组织与管理 ……………………… 59

　　第二节　养殖业生产过程组织与管理 ……………………… 63

　　第三节　农产品加工业生产过程与管理 …………………… 75

第四章　营运资金管理 ……………………………………………… 82

　　第一节　认识营运资金和管理现金 ………………………… 82

　　第二节　管理应收账款 ………………………………………… 87

　　第三节　管理存货 ……………………………………………… 93

第五章　农村金融支持农村经济发展的作用机制与对策建议 …… 96

　　第一节　农村金融支持农村经济发展的作用机制 ………… 96

第二节　发展农村金融的对策建议 ……………………………………… 102

第六章　农产品营销与流通 …………………………………………… 111

　　第一节　农产品市场 ……………………………………………… 111

　　第二节　农产品物流管理 ………………………………………… 123

第七章　农村产业融合发展机制与服务支撑 ……………………… 134

　　第一节　农村产业融合发展机制 ………………………………… 134

　　第二节　农村产业融合发展的服务支撑 ………………………… 140

第八章　电子商务与新农村建设 …………………………………… 149

　　第一节　电子商务的基础理论 …………………………………… 149

　　第二节　新农村电子商务建设的内涵与外延 …………………… 155

　　第三节　以区域为核心的农村电子商务模式 …………………… 162

　　第四节　电子商务与农村经济社会转型 ………………………… 167

参考文献 ………………………………………………………………… 174

第一章
现代农村经济管理概述

第一节　现代农村经济管理的基础认知

一、农村经济管理的内涵

农业是第一产业，是国民经济的基础产业。在农耕时期，农业是人们赖以生存的产业，也是国家实力强大的重要因素。21世纪，工业和服务业发展迅速，给我们带来了很多便利。但是，农业依旧是各国发展不可忽视的产业。时代的变迁已经让农业发展变得更加多元化，面临各种挑战和机遇，农业需要不断适应这个时代。

（一）农业与农村的含义及特点

农业，是人类社会最古老、最基本的物质生产方式。农业生产是人类利用动植物生长的性能，把外界环境中的物质和能量转化为生物产品，以满足社会需要的一种经济活动。农业的生产对象是有生命的动植物和微生物等有机体，其生长、繁殖依赖于一定的环境条件，并遵循一定的客观规律。农业是一个复杂的生态和经济系统，我们可以根据不同的标准对农业进行分类。根据劳动对象的生物学性质，可以把农业分为种植业和养殖业。而根据生产类型和学科属性相结合的原则，可以把农业划分为以粮、棉、油为主的大田作物生产，以果树、蔬菜和花卉为主的园艺生产，以猪、牛、羊、禽为主的畜牧业生产以及以捕捞和养殖为主的渔业生产。在生产实践和经济管理中，各国主要把种植业和畜牧业作为农业的主体。而我国现行的统计口径则将农业（大农业）划分为农业（小农业）、林业、牧业、渔业四个部门。

农业生产最本质的特征是经济再生产与自然再生产相互交织，具有社会性和生物性的双重特点。这种双重特点具体表现在：①土地是农业生产最基本的不可替代的生产资料。

在一些非农业农村部门里，土地仅仅作为劳动的场所，不直接参与劳动生产过程。而在农业农村部门中，土地不仅仅是劳动场所，更是劳动对象和劳动手段，直接参与劳动生产过程。②农业生产受自然环境影响大，具有地域性和波动性。农业生产主要在广阔的田野上进行，受自然环境的影响很大。不同地区的气候、地形、土壤和植被等自然条件不同，而不同的动植物对环境的要求也不同，因此不同动植物在不同地区的分布情况不同，呈现出明显的地域性。而在同一地区，自然条件也不是一成不变的，自然条件的突变对农业生产的影响很大。③农业生产周期长，具有连续性和季节性。农业的生产周期主要取决于动植物的生长发育周期，而整个生长发育周期是连续性的。但动植物并不是一年四季都在成长，所以人类投入的劳力时间只是其中的一部分，这就表现了其强烈的季节性。④农产品既是消费资料，又是生产资料，具有双重性。农产品既可以用于人们生活消费，是人类的基本生活资料，又可以作为生产资料，是纺织、食品加工的重要原料来源，其种子又是下一个农业再生产的物质条件。

农村，也被称为乡村，是以从事农业生产为主的农业人口居住的地区。农村较好地保留了大自然原有的景观，具有特定的社会经济条件，其特点是：①人口较稀少，居民点分散在农业生产环境中，形成田园风光；②家族聚居现象较明显；③工、商、金融、文教、卫生事业发展水平较低。

农村经济作为一种经济现象是不断变动的，由于农村演化进程的不平衡，我国农村经济存在三种不同的类型：一是古代型，即主要以传统方式从事农村产业生产，由于缺乏资金、技术和人才，生产落后，人们生活贫困，如我国曾经的边远山区。二是近代型，即在农村产业经济发展的基础上，乡镇企业、商业、运输业、服务业已开始起步，商品经济发展较快，如大多数的平原、丘陵地区。三是现代型，即现代工业和第三产业发展迅速，在农村社会总产值中，工业所占比重较大，并成为农民的主要收入来源，如沿海、沿江等经济发达地区。当今时代，农村经济管理变得日趋复杂。

（二）农村经济的内容及特点

农村经济是指农村中的各项经济活动及由此产生的经济关系，包括农业、农村工业和手工业、交通运输业、商业、信贷、生产和生活服务等部门经济。

当前，我国农村经济以集体经济为主要内容，具有如下特点：①精耕细作的优良传统与现代农业技术相结合；②以种植业为中心，农牧结合、综合经营的广大农区与以游牧为主的广大牧区同时并存和相互补充；③各地区农村经济发展不平衡。

传统农村经济，是指区域性农村劳动群众共同占有生产资料的一种公有制形式，是农民按照自愿互利原则组织起来，基本生产资料公有，在生产与交换过程中实行某种程度的合作经营，在分配上实行一定程度的按劳分配的集体所有制经济。

现在，农村经济已转变为农民按照一定区域或自愿互利原则组织起来，基本生产资料共有或按股份所有，在生产与交换过程中实行某种程度的合作经营，按劳分配和按生产要素分配相结合的所有制经济。农村经济的实现形式也呈多样化发展趋势，主要有以下三种。

（1）统分结合的农村集体经济。农村改革后在传统集体经济内部，实行土地集体所有，所有权与使用权分离，建立以家庭承包经营为基础、统分结合的双层经营体制，亦称农村社区集体经济。

（2）农村股份合作制经济。由三户以上农民，以资金、实物、技术、劳力等作为股份，自愿组织起来从事生产经营活动，实行民主管理，以按劳分配为主，又有一定比例的股金分红，有公共积累，能独立承担民事责任。

（3）农村专业合作经济。由从事同类农产品生产经营的农民、经济组织和其他人员自愿组织起来，在技术、资金、信息、购销、加工、储运等环节，实行自我合作、自我服务、自我管理、自我发展，达到提高市场竞争能力、增加成员收入的目的。

（三）我国农村的经济制度

我国农村的经济制度既是选择计划经济还是市场经济，在相当程度上是与我国的国民经济发展战略联系在一起的。

计划经济是指以国家指令性计划来配置资源的经济形式。计划经济原先被当作社会主义制度的本质特征，是传统社会主义经济理论造成的。中华人民共和国成立后相当长一段时期，实行的是计划经济。计划经济的主要特征有：①国有制居主导地位；②经济决策权高度集中；③生产单位从属于行政级别制度；④市场在经济运行中的作用被抑制到最低限度；⑤国家计划手段协调经济活动。受我国经济社会发展水平的限制，资本原始积累（农民是提供这种积累的主体）不仅存在于计划经济时代，还存在于计划经济体制向社会主义市场经济体制转变的全过程中。而城乡二元结构体制又是资本原始积累和计划经济体制赖以运行的基础。要破除城乡二元结构体制，既取决于国家改革的力度，又取决于国家发展的程度，而且改革的力度又不能超越于发展的程度。统筹城乡发展，是解决我国"三农"问题的重要途径。

市场经济是通过市场供给和需求配置资源的经济，是一种通过市场配置社会资源的经济形式。简单来说，市场就是商品或劳务交换的场所或接触点。市场可以是有形的，也可以是无形的。在市场上从事各种交易活动的组织和人，被称为市场主体。现代市场经济具有以下共同特点：①资源配置的市场化；②经济行为主体的权、责、利界定分明；③经济运行的基础是市场竞争；④实行必要的、有效的宏观调控；⑤经济关系的国际化。

我国农村经济体制改革，在很大程度上表现为自下而上的改革。从长远看，我国的经济体制改革，不仅会给农村群众带来物质利益，也会给城市职工带来物质利益。但就经济体制改革的某一个阶段而言，情况则不完全是这样的。我国经济体制改革之所以率先从农村突破，并迅速打开局面，是不能单纯从政府的意愿和行为角度来解释的，它同广大农村群众表现出来的自发的改革积极性有很大的关系。我国农村经济体制改革的起步阶段，往往具有超前的性质，即农民群众自发构造的制度安排，在某个时期内是超过政府设置的制度供给范围的。

（四）农村经济管理的内涵及特点

管理，从字义上讲，是管辖、治理的意思。但作为一个科学的概念，管理最基本的含义应当是，人们在认识事物内部条件和外部环境及其相互关系的基础上，确定管理目标，并通过对人力、物力、财力和各个活动环节的计划、组织、指挥、协调、控制等，达到预期目标的一种自觉的、有组织的活动。管理包括各种各样的管理，政治、经济、文化、科学、教育、卫生、体育等各个领域都存在管理。经济管理只是其庞大系统中的一个组成部分。

经济管理包括宏观经济管理和微观（企业）经济管理。宏观经济管理从纵向划分又分为工业、农村产业、交通运输、商业等部门管理，从横向划分又分为全国、省、地、县、乡、村的经济管理。作为内容广泛的农村经济管理，是根据市场需求和国家对经济手段运用情况等外部环境与本地区的内部条件，确定经济发展目标，并对再生产过程中的生产、分配、交换、消费等环节和人、财、物、信息等生产要素进行决策、计划、组织、指挥、协调、控制，以达到预期目标的一种自觉的、有组织的活动。在我国，农村经济发展道路的选择是农村经济管理研究的一个重要内容：我国农村经济是走单纯经营农村产业的道路，还是不顾各地不同的条件，片面强调发展农村工业，或是从当地实际出发，走三大产业协调发展的道路。实践表明：单纯经营农村产业，只能导致长期贫困、就业困难、城乡差距拉大。片面强调发展农村工业，能带来一时繁荣，但容易引起粮食、原料、资金、能源紧张，生态失调。协调发展才符合我国农村的实际。

我国农村经济管理主要呈现以下三个特点。

1. 经济结构的综合性特征

中国农村经济管理是以中国农村社区为主要对象，对农村区域范围的一切经济活动的管理。这种农村经济管理综合性的表现是：

（1）以合作经济为主体，多种经济成分共存的新体制得到确立和发展。经过农村改革，国家合作的、个体的、混合的经济成分同时出现，并与不同层次的承包、租赁、合伙、股份的经营方式交融，已经或正在形成各种模式。

（2）产业结构的综合性。我国农村目前已经由比较单一的种植业向农、林、牧、渔全面发展，向农、工、商、运、服综合经营的方向发展。农村产业结构已不再是单一的农业生产结构，而是拥有包括第一、第二和第三产业全部内容的综合结构。面对这样一个庞大的地域经济系统的经济管理，就不只是对某个产业或某几个行业的管理，而是需要对包括生产、交换、分配、消费在内的经济活动全部过程进行全面管理，调节农村经济所包含的全部内容和全部经济行为的运行功能，使农村经济系统始终处于优化状态。

2. 经济发展的阶段性特征

（1）农村经济目标模式的选择不能超越社会主义初级阶段的总界限去寻求新的发展途径，只能是在这个阶段去寻找实现总体阶段性目标所适用的各种具体目标模式及管理方式。我国农村经济管理只有遵循管理阶段性这一基本特征，针对不同阶段农村经济发展的具体状况，采取具体的管理措施。只有这样，才能使农村经济有一个良性的发展。

（2）正如国民经济的发展目标与发展的阶段性要相一致，农村经济目标和模式必须融于农村经济发展阶段之中。农村经济发展的阶段性是指农村经济在其发展过程中的不同情况和条件下相对时间限额内的差异性，它决定了农村经济的总体目标是通过各个具体目标的阶段性控制来实现的。

3. 农村区域性特征

农村经济管理的地域是农村。在农村这个行政区域里，除县城和少数城镇外，绝大部分是农村。农村不同于城市的特点是，农村以合作经济为主体，多种产业并存。农村地域辽阔，但交通运输条件差，信息闭塞，生产活动受自然条件影响大，劳动力资源丰富，但素质偏低，同时农村的科技水平不高，农民的小生产观念根深蒂固。

（1）不同区域范围的农村在自然、地理、经济环境、生产条件、技术水平、劳动者的素质等方面不同，农村经济的发展地域之间存在明显的时间差异和空间差异。例如，我国东部沿海地区农村与西部边远地区农村相比，经济发展上就存在显著的差异，这就造成人均劳动力创造的产值也相差悬殊。因此，在农村经济管理中，要利用地域之间的差异，调配不同地区的生产要素的最佳比例，使不同地区的农村经济得到稳步发展。

（2）农村经济管理的主要对象是农村产业。农村产业是人们利用生物机体的生命力，把外界环境中的物质和能量转化为各种动、植物产品的生产活动。正因为农村产业是以生物机体为对象，受各种自然因素的制约，所以其表现出明显的地域性。

（3）农村经济管理的主体是农民。相对来说，我国农民的素质偏低，在文化水平、经营知识、思想观念等方面，与城市相比有明显差距。这也决定了我国农村经济管理具有复杂性和艰巨性。

经济管理是在物质资料的再生产过程中进行的。由于社会再生产过程既是人与自然结合的过程，又是人与人结合的过程，它具有两重性，因而决定着管理的两重性。这两重性包括自然属性和社会属性。

管理的社会属性，是指管理是生产力发展和社会分工发展的结果，它反映劳动和社会化大生产的客观要求，表现为生产指挥、组织和协调过程中各种活动的职能，处理再生产过程中人与物、物与物的关系，即生产力的组织。

管理的自然属性，是指由于物质资料的生产是在特定的国家和特定的生产关系下进行的，它的管理必然要涉及生产关系性质方面的问题，同时要和一定的政治经济体制及意识形态产生联系。其中生产关系问题包括各部门、各环节、各地区、各企业之间以及它们同国家之间和它们内部人与人之间的关系。此外，还要适时采取某些措施调整上层建筑。

（五）农村经济管理的职能

管理的职能，即管理活动应有的作用和功能。管理职能是管理原则、管理方法的体现。农村经济管理是管理主体及农民对农村经济活动过程施加的影响，是自始至终贯穿在管理过程中并起决定作用的管理活动。

农村经济管理的职能是由农村经济管理的任务和性质所决定的。目前，我国农村经济管理的职能包括：决策、计划、指导与服务、协调、控制、组织、指挥和激励八项。

1. 管理的决策职能

决策就是对经济活动中的一些重大问题，如发展方向、经营项目以及实现这些目标所应采取的重大措施等做出选择和决定。在当今市场经济高速发展、科学技术发展日新月异、市场需求瞬息万变的情况下，搞好经济决策，对经济的发展有决定性作用。所以，西方最新管理理论特别强调决策的重要性，一些经济学家认为"管理就是决策""管理的关键在于决策"，或者说"决策是高度重要的管理职能"。因此，决策应当是农村经济管理的首要职能。

2. 管理的计划职能

计划就是对未来的活动进行规定和安排。国家经济管理机关对农村经济活动要有计划地进行管理，一个县的经济和整个国民经济一样，有农、林、牧、渔，农、工、商、交通运输等各部门，有生产、交换、分配、消费各个环节，有乡村和城镇的经济类型，内容繁多，管理复杂。因此，必须有长期计划、中期计划和短期计划，对决策目标和方案在时间和空间上进行安排，这样才能使各部门、各环节、各地区、各生产经营单位的工作协调配合、互相促进，避免盲目性管理，保证农村经济健康发展。同时，计划还是衡量经济效益和管理效率的标准。特别是农村产业实行联产承包责任制，以农户经营为主，企业自主权扩大，经济状况"透明度"降低，这就更需要加强宏观管理。而"计划是宏观管理的主要依据"，如果没有明确的计划，任何经济活动都会紊乱，活动结果也没有评价的标准。所以，农村经济管理的计划职能是十分重要的。

3. 管理的指导与服务职能

指导与服务是指国家经济管理机关和合作经济组织为生产经营单位的生产经营活动创造必要的条件。指导与服务是农村经济管理职能的一个重要方面。

为了避免生产经营活动的盲目性，满足农村经济适应市场经济的需要，国家经济管理机关和合作经济组织还必须根据单位的需要提供产前（主要是原材料等生产资料）、产后（主要是产品的储藏、加工、运输、销售等）以及必要的产中（主要是机耕、制种、植保等）服务，为生产经营单位的生产经营活动创造条件。

4. 管理的协调职能

协调也称调节，是指国家各级经济管理机关运用经济手段，特别是价格、税收、信贷、补贴、奖励等经济杠杆来影响生产经营单位对生产经营活动的决策，使其符合宏观经济发展目标和指导性计划的要求。微观调节，就是调整和处理企业再生产过程中各部门、各环节的相互关系，解决它们之间出现的一些矛盾和分歧，以便加强相互之间的配合能力，达到同步发展的管理效果。

按调节对象的范围可将协调分为调节企业内部各部门、各环节的对内协调和调节各单位之间关系的对外协调。对内调节又可分为对本企业内部上下级关系的纵向（垂直）协调和对本企业内部各部门、各单位之间关系的横向（水平）协调。按调节问题的性质，可以将协调分为生产力要素的协调和生产关系的协调。生产力要素的协调是指在生产过程中对生产力要素的适当配合的协调，生产关系协调是指对各部门、各单位之间的经济利益进行协调。

5. 管理的控制职能

控制也称监督，是指国家经济管理机关或企业为了保证实际工作与原定的目标、计划一致，对经济活动的执行情况进行检查、监督和调节的活动。经济活动是一种由各种要素有机组成，并有着极其复杂的内部联系和外部联系的活动，因此经济活动的组织实施状况与计划的要求会产生不同程度的偏差。为了保证经济管理目标、计划的顺利实现，就必须进行控制。

农村经济管理的宏观控制主要是指国家经济管理机关对生产经营单位执行党和国家的方针、政策、法律、法规、条例以及日常的生产经营活动所进行的督促和检查。其主要形式有以下三种。

（1）行政监督，即政府有关行政机关和业务主管部门对生产经营单位的生产经营活动进行的监督。例如，工商行政管理部门对生产经营单位经济合同的鉴证，审计部门对生产经营单位财务状况的检查等。

（2）经济监督，即银行通过信贷活动对生产经营单位的生产经营活动进行监督。

（3）法律监督，即政法机关对企业、生产单位执行国家法律、法规、条例和方针政策等进行监督。

6. 管理的组织职能

组织是指生产经营单位对经济活动中的各个要素及生产过程的各个环节，从时间和空间上进行组织，形成有机的活动系统，它使人、财、物得到最合理的利用。组织职能是各项职能的基础，是实现经济管理目标和计划的保证。经济活动的计划任务是由许多人的共同劳动所完成的，要把这些任务落实到不同的时间和空间中，落实到不同集体和个人身上，都必须依靠组织来完成。可见，组织职能对提高管理效率、劳动效率和经济效益是十分重要的。

农村经济管理的组织职能内容十分广泛，大致包括以下七种。

（1）研究和决定农村经济管理体制，包括机构的设置、职责的分工、管理权限的划分等。

（2）确定经济活动的形式，如部门的、地区的、生产经营单位的组织形式。

（3）确定经济活动管理的模式，如权力集中与分散的程度和方式。

（4）确定经济活动的领导方式，是以行政型为主，还是以指导服务型为主。

（5）落实任务，建立责任制。

（6）进行人员的安排调配，组织人员的培训，对经济活动中所存在的目标利益关系和行动的一致性进行协调。

（7）对各级、各类人员的活动进行指挥和指导。

7. 管理的指挥职能

指挥是指领导者依靠权威，以下达命令、指示等方式，指挥下级从事某种活动。在农村经济活动中，需要统一的指挥和正确的调度，以保证所有的下属步调一致，协同工作，使农村经济活动得以正常运转。任何活动都需要一个指挥者，而指挥者行使的职能就是指挥职能。

指挥是最能体现管理活动特征的职能，甚至可以说，管理就是指挥。

8. 管理的激励职能

激励是调整和激发经济活动参与者的主动性、创造性的一种活动。只有充分调动管理者和劳动者的积极性，才能使财和物的作用得到有效的发挥，保证经济管理目标和计划的实现。因此，激励是经济管理中必不可少的重要职能，而且应当贯穿于计划、组织、协调、控制等各种职能之中，它不仅能保证这些职能的有效实施，而且具有这些职能所不能代替的作用。

激励职能的内容包括鼓励和惩罚两个方面。鼓励用于激发劳动者的积极性，惩罚用于抑制劳动者的消极因素。开展思想政治工作、表扬、奖励等都是行之有效的。

上述各种管理职能是一个完整的体系，各种职能既有其各自的含义和作用，又相互联系、密切配合，形成一个完整的经济管理职能体系。其中任何一种职能不能正常发挥作用都会影响经济活动的进行，影响经济活动的效益。因此，只有全面综合地运用各种职能，才能使农村经济管理工作卓有成效。

（六）农村经济的发展趋势

1. 农村人口向非农产业转移的趋势

随着农村人口的自然增长和农村产业劳动生产率的不断提高，农村人口必然出现剩余。农业人口向非农产业转移，乡村人口向城镇人口转移是历史的必然，也是国外发达国家工业化过程中出现的一个共同现象。

2. 农村生态环境由恶性循环转向良性循环

城市工业和乡镇工业的发展，以及化肥、农药的大量施用导致农村环境污染加剧，森林过度采伐带来水土流失加剧，农村生态环境恶化的情况已引起人们高度重视。随着生态农村产业的发展和多种环境保护措施的贯彻落实，农村生态环境必定会逐渐改善。

3. 科技进步对促进农村经济发展的作用日趋加强

过去，我国农村产业发展主要依靠传统技术、手工劳动的粗放经营方式。随着科学技术的发展和市场竞争的日益激烈，今后农村经济发展必然更多地依靠科学技术进步，逐步由粗放型经营向集约化经营转变。

4. 经济管理体制从以行政管理为主转向以经济手段管理为主

过去，我国农村经济管理一直是以行政管理为主，用非经济的手段，直接指挥农村的经济活动，具有直接性、强制性和无偿性的特点。但这种方法容易造成人为的经济分割和经济封锁，忽视地区和生产经营单位的经济利益，不利于农村商品经济的发展。因此，今后我国的农村经济管理必然向以经济手段为主转变，重视发挥经济杠杆的作用，如价格、成本、工资、奖金、利润、财政、信贷、税收、奖罚等。经济方法也有某些局限，所以还必须辅以其他手段，如法律手段、思想教育手段等。

二、农村产业结构

科学地认识和厘清农村产业生产内部的比例及其相互关系，是保证农村产业健康发展的重要问题。合理的农村产业结构，有利于发挥农村产业内部各部门之间相互促进的关系；有利于保持农村产业生态系统各因素之间的相对协调和稳定，充分合理地利用自然资源和经济资源；有利于满足国民经济对农产品的需求。

（一）农村产业结构的概念和特点

1. 农村产业结构的概念

农村产业结构是指在农村这个特定经济区域内，各个经济部门及其所属各门类、各生产项目的比例关系、结合形式、地位、作用和运行规律等。它包括三层含义：①在一定的农村区域中，农村经济是由哪些产业部门组成的；②这些产业部门是按什么方式组合在一起的；③各个产业部门在总体中的地位，即各占多少比例。

农村产业结构一般包括三大产业：第一产业，包括产品直接取自自然界的生产部门，主要是有生命的物质生产部门，如种植业、林业、牧业、渔业等，基本上是传统的农村产业生产部门；第二产业，包括工业、建筑业等，主要是指加工业的物质生产部门；第三产业，包括为生产和生活服务的交通运输业、邮电通信业、商业、金融服务业、科学技术、文教卫生以及其他公用事业等服务业部门。

2. 农村产业结构的特征

（1）农村产业结构的整体性

在农村产业结构中，各种自然再生产过程和经济再生产过程相互交织，尽管农村产业结构也可以适应各种需要而分解为许多侧面和层次，但仍然是一个有机整体。孤立地研究某个侧面只会获得局部的片面结果，农村产业结构的整体性，要求从整体观念出发，加强对农村产业结构进行系统性的研究。

（2）农村产业结构的多层次性

农村产业的内部结构总体上可从"狭义"和"广义"两个层次来研究。开展这两个层次的结构研究，对促进农村产业经济发展具有十分重要的实际意义。农村产业结构的多层次性研究，对充分利用多种多样的自然资源和经济资源，发挥地区优势，合理利用各产业的中间产品和副产品，提高劳动生产率和土地生产率，以及提高经济效益都有重要意义。

（3）农村产业结构的路径依赖性

某一时间、某一特定地区的农村产业结构不是一蹴而就的，也不会转瞬即逝。农村产业结构是在长时间的自然（温度、湿度、自然灾害等气候变化）、经济、社会、文化、习俗等变化基础上形成的，并随着这些外部环境的变化而出现调整、优化和变更。因此，特定的农村产业结构都是在内、外部环境综合作用下经过一定历史积淀形成的。按照新制度经济学的观点，一个国家或地区的经济发展与其原有经济基础、制度环境、社会结构和技术特点密切相关，具有类似于物理学中的惯性的特点，即对既有路径产生依赖，容易沿着既定的好的或者坏的方向不断"自我强化"。依据路径依赖理论，农村产业结构具有较强的历史性，在未来的农村产业结构调整中，一定要立足实际、结合历史，充分意识到路径依赖的存在，不仅要考虑将要采取的决策的直接效果，还要研究其长远影响；要随时研究改革是否走在正确的轨道上，如果发现了路径有偏差，要尽快采取措施加以纠正，使它回到正确的轨道上来，以免出现积重难返的情况。事实上，目前已经出现了很多对无效率制度的路径依赖问题，这主要是因为前期改革不规范，改革措施不彻底。

（4）农村产业结构的动态性

农村产业结构受一定的时间、空间条件的影响，随着时间、空间条件的变化，农村产业结构也时刻在发生变化。一成不变的农村产业结构是不存在的，研究农村产业结构的动态规律是农村产业经济学的基本任务之一。但是，农村产业结构总是具有一定的合理性和相对稳定性，它的形成和发展与当时的各种经济因素、自然环境因素有着直接关系。因此，调整农村产业结构，要从实际出发，因势利导，既要注意农村产业结构的整体性、多层次性、动态性，又要保持农村产业结构的相对稳定性，只有这样才能使农村产业结构进入良性状态中。一般来说，随着经济的发展和人民生活水平的提高，农村产业生产的横向结构中，畜牧业的发展快于种植业，但是，畜牧业和种植业内部结构变动都将趋向于使居民生活质量得到提升和国民消费习惯发生变化。农村产业生产的纵向结构中，加工、流通环节所占的比例会逐渐上升，生产环节所占的比例会适当下降。

（二）农村产业生产结构的影响因素

研究农村产业生产结构，与确定农村产业发展的方针和道路有密切关系。例如，一个地区或一个国家，在农村产业发展方针上是以种植业为主，还是以畜牧业为主，这关系到农村产业生产结构的形成与变革的问题。一般来说，种植业、畜牧业与林业的比例是农村产业生产结构的基本问题。但某些农作物生产种类结构的调整，也可能成为关系整个国民经济发展的重要问题。

农村产业生产结构的形成与变革受多种因素制约，主要有以下四种。

1. 自然资源条件是农村产业结构演变的客观基础

农村产业生产本质上属于一种资源型产业，它的主要对象是有生命的动植物，与自然资源条件的关系极为密切。首先，农村产业生产对自然环境条件有着一定的要求。如没有水资源，就难以发展渔业和种植业；没有牧草场，牧业的发展就会受到制约。因此，农村产业结构总是同一定的自然资源联系在一起的。其次，一个国家或地区的人口、劳动力、地理位置、经济发展水平、资本等条件也在一定程度上制约和影响着农村产业结构的形成与发展。

2. 社会需求是农村产业结构演变的导向

社会需求对一个国家或地区的农村产业结构有一定的诱导作用。农产品是用来满足人们基本生理需要的，这一特性决定的人口数量和消费构成均对农村产业结构产生重要影响。

一般来说，在同等条件下，人口越多对粮食的需求量就越大，为了解决吃饭问题，就容易形成以粮食为主的农村产业结构。消费构成是居民生活需求水平的质态表现和习惯。在居民收入水平不断提高的情况下，居民的消费构成由以食物消费为主转向其他，食物支出比重降低。农村产业是国民经济的基础产业，也是出口创汇的重要产业，随着工业结构的调整和国际贸易规模的扩大，对农副产品的种类和数量需求也在不断变化，相应地，农村产业结构也随之发生变化。

3. 科学技术进步和生产力发展水平是农村产业结构演变的决定性力量

第一，通过科学技术的发展，可以开发新的农村产业资源，拓宽自然资源的利用范围，使新的产业或产品生产突破原有资源的制约而得以更好地发展；第二，科学技术的进步，可以为农村产业内部有限发展的产业提供先进的技术与设施，使其得以更快发展；第三，农村产业科学技术可以不断地为农村产业提供新的优良品种和先进的种植技术，从而不断推动农村内部结构、产品结构、品种结构、品质结构以及产品上市时间结构的优化；第四，我国农村产业结构的变化，在相当程度上受粮食生产水平的制约，而粮食生产水平的提高，最终取决于农村产业科学技术水平的提高。

另外，农村产业结构的形成和发展以及合理化程度主要是由社会生产力发展水平决定的，因为自然资源条件可以在先进的生产力水平下得到更合理的利用。同时，社会生产力发展水平又是构成生产力的一个物质要素；社会需求状况同样也取决于生产力的发达程度；社会经济制度和政府经济行为，也必须适应生产力发展状况和依据生产力发展的要求来调控。因此，在影响和作用于农村产业结构的众多因素中，决定因素是生产力发展水平。实践证明，生产力发达的国家和地区，能充分合理地利用资源优势，形成良性循环的农村产业结构。而生产力不发达的国家和地区，一般农村产业比较落后，农村产业结构基本上是单一的或"小而全"的。

4. 政府的经济行为是农村产业结构演变的政策保障

在既定的社会经济制度下，作为国家主体的代表——政府，将会根据经济发展的规律性，通过自身的行为，利用经济、法律、行政手段来调控农村产业生产过程，以实现其既定的经济发展目标。比如，当农产品和价格政策有利于生猪生产时，受比较利益的诱导，农民就会把有限的资源转移到养猪业上，生猪的产量就会上升、比重就会增加，农村产业结构就会发生变化。政府的产业政策及其相关决策是国家对农村产业结构调整进行宏观调控的重要手段。国家为落实既定的产业政策和相关决策，可以通过财政、信贷、税收等经济手段和行政手段按照产业政策的要求，促进或抑制农村产业内部某一产业或某种产品的发展，从而使农村产业结构向合理的方向发展，实现农村产业结构的优化和升级。

综合来看，农村产业生产是利用植物和动物的生物学特性进行生产的，自然条件对农村产业生产结构的形成具有重要的制约作用。同时，社会经济条件变化，特别是工业发展也会引起社会对农产品需求的变化。一个国家的社会经济发展战略，特别是农村产业发展的长远方针与农村产业政策，往往都要求适当调整农村产业生产结构，但是这些要求都只是影响着农村产业生产结构的变化。农村产业生产结构的重大改变，主要取决于科学技术的进步和生产力发展水平的提高。

（三）农村产业结构的评价

农村产业结构的合理程度是农村经济发展水平的标志之一。实现农村产业结构的合理化、科学化，无论是在"量"的方面，还是在"质"的方面，都必须遵循其客观规律，把握住农村产业结构的内在特性。

1. 建立合理的农村产业结构的重要意义

（1）影响着农村产业自然资源的合理利用

任何一个国家或地区的农村产业自然资源都是多种多样的，不同的资源所适应的产业部门和项目也是不同的，所以农村产业结构只有同资源的特点相适应，才能提高农村产业的经济效益，促进农村产业的发展。

（2）影响着农村产业内部各个生产部门和生产项目之间物质能量的相互转化

农村产业结构合理与否关系着能否充分发挥农村产业多个生产部门、生产项目之间物质能量的相互转化、相互利用关系。合理的农村产业结构可以促进这种关系，从而有利于农村产业生产的发展。

（3）影响着能否充分利用农村中的劳动力资源

农村产业劳动力资源能否被充分利用同农村产业结构的状况密切相关。因为不同的农村产业生产部门、不同的农村产业生产项目能容纳的劳动力数量是不同的。

（4）影响着国民经济的发展是否能按比例满足各种农产品的需求

国民经济的发展需要农村产业按比例地提供各种农产品，农村产业生产能满足这些需求，就能推动社会生产力的发展。而农村产业能否做到这一点，以及能在多大程度上做到这一点，都同农村产业结构是否合理有着密切联系。

由此可见，农村产业结构合理与否，对农村产业生产的发展和整个国民经济的发展都具有十分重要的意义。

2. 农村产业结构合理化的评价标准

农村产业生产结构的形成及其发展趋势受多方面因素的制约，衡量农村产业生产部门结构合理与否，需要从全局、多方面进行定性与定量分析。具体来说，需要从以下五个方面做出判断。

（1）农村产业资源利用情况

农村产业生产结构是否合理要通过分析农村产业资源利用是否合理来判断，农村产业资源利用情况主要包括各类土地资源、生物资源、水资源及其他自然资源的利用率、劳动力利用率、农村产业副产品利用率等。通过以上指标，可以看出资源利用的深度和广度。农村产业自然资源、经济资源对农村产业生产中物质和能量的变换影响很大。充分而合理地利用有限的农村产业资源，是发展农村产业生产特别重要的一个问题，如果资源利用不充分，浪费很大，农村产业生产部门的结构自然就不合理。

（2）生态环境状况

通过对包括森林覆盖率、自然灾害发生率、土壤有机质含量、土质水质中有害物质含量等指标的考核，可以看出农村是不是进行了掠夺式经营，农村产业再生产能否呈良性循环状态。农村产业生产能直接影响生态系统，合理的农村产业生产结构能保持生态平衡，使生态系统呈良性循环状态，农村产业生产中物质和能量变换也就比较顺利；反之，如果破坏了生态平衡，生态系统呈恶性循环状态，农村产业生产中物质和能量变换受阻，农村产业生产结构肯定不合理。因此，生态环境状况是评价农村产业生产结构合理性的一条重要标准。

（3）经济效益大小

经济效益是衡量农村产业生产结构的重要指标之一，主要包括农村产业劳动生产率、单位农产品成本、投入产出比、单位投资收益率、单位面积净产值、人均纯收入等。合理的农村产业生产结构，农村产业内部之间的比例协调，农村产业生产中物质和能量转换的效率必然较高、经济效益也必然较大。

（4）满足社会需要的程度

农产品是否满足社会需要是衡量农村产业生产结构是否合理的重要指标，包括主要农产品人均占有量、农产品商品率、农产品商品量、商品农产品总值、主要农产品人均消费水平等。通过以上指标，不仅可以看出农村产业中商品经济的发展程度，农村产业生产的专业化水平，各地的优势是否得以发挥，还可以从中分析农村产业生产结构是否符合国民经济发展的要求，在多大程度上满足了社会对农产品的需要。随着国民经济的发展和人民生活水平的提高，社会对农产品的需求不断增长，对各种农产品需求的数量和比例还会发生变化。在一定的农村产业生产水平下，合理的农村产业生产结构对满足社会对农产品的需求具有重要作用。

（5）农村产业各部门协调发展情况

合理的农村产业结构应是农村产业各部门协调发展的结构。只有遵循农村产业各部门之间相互促进相互补充的原则，才能实现相互之间的协调发展。例如，林业能对其他各生产部门的正常生产提供保护，但这种保护只有当森林覆盖率达到一定比例时才能真正有效。因此，任何破坏农村产业各部门之间有机联系的行为，均将导致农村产业结构趋向不合理。

以上评价和衡量农村产业结构的标准是相互联系、相互制约的。在评价农村产业结构时，应该从以上五个方面进行综合的考察。同时，评价一个地区农村产业生产部门结构的合理性，不能只看其微观经济效果，要把这个地区放在全局中考察，看看它给宏观经济带来了什么影响，只有这样才能得出正确的结论。

3. 农村产业结构合理化的评价方法

衡量农村产业结构是否合理，通常有四种方法：比重法、类比法、速度法和协调法。

（1）比重法

比重法是根据各个产业产值在产业结构中的百分比确定其合理程度。

（2）类比法

我们通常用一个地区的产业结构同另一个地区相比，来说明这个地区产业结构的合理程度。

这种类比法在条件大体相同的国家和地区之间进行比较是可行的。但是，形成产业结构是由许多因素促成的，既有自然因素，也有社会因素，还有历史因素，因此，类比法有一定的局限性。

（3）速度法

一个部门的发展速度同另一个部门的发展速度比较，或者用一个部门现在的速度同过去的速度比较，以此说明结构是否合理。

速度法也有局限性，因为速度快慢只反映结构在一定时期的发展状态，并不能确切说明产业结构的合理化程度。因此，单一地用发展速度说明农村产业结构是否合理是不全面的。

（4）协调法

协调法就是从系统的观点出发，研究农村产业结构运动的内在规律，综合考察产生部门之间在一定时期的合理比例关系，使产业结构在生产、分配、流通、消费各个环节不受阻碍地和谐进行。

要做到这一点，就要对产业部门的内部因素和外部环境做深入细致的研究。在研究方法上吸收比重法、类比法和速度法等方法的优点，进行综合研究。

三、农村产业生产布局

（一）农村产业生产布局的概念

农村产业生产布局，是农村产业生产发展的一个重要侧面，是农村产业生产发展的一种地域表现形式，是人类社会自出现农村产业生产活动以来即存在的社会经济现象，是指各国各地区的农村产业各部门（农、林、牧、渔）及其各个生产门类、项目（农耕业中的粮食作物与经济作物，粮食作物中的水稻、小麦、玉米、高粱、薯类等，经济作物中的棉花、麻类、甘蔗、甜菜、油料等）的地域分布，以及农村产业各部门及其各门类、项目的生产在一定地域范围的组合，又称农村产业配置。它包括农村产业各部门在地区内的分工和在一个地区内农村产业各部门的结合。前者反映农村产业生产的区间关系，表现为不同地区农村产业生产的专业化；后者反映一个地区的农村产业结构。

任何社会只要存在农村产业生产，就会形成一定的农村产业生产布局。封建社会因生产力水平低下，利用、改造自然的能力很低很弱，故农村产业布局表现为分散性和自给自足性。资本主义社会随着社会生产力的提高，人们利用、改造自然的能力大大增强，交通运输能力发达，农村产业布局往往表现为农村产业生产的地域化、专业化和商品化。社会主义通过国家计划和市场调节，农村产业布局趋向各地区的合理分工和农村产业各部门的合理结合，并逐步由自给、半自给性生产转向较大规模的商品性生产，由单一农村产业经营转向农、工、商相结合的综合经营。现代农村产业生产布局的重要任务是适应国民经济发展对农村产业提出的要求，研究地区的自然、经济和技术条件，根据农村产业生产部门或某一项目对生产条件所提出的特殊要求，遵循客观规律，因地制宜地安排农村产业生产，在提高经济和社会效益的基础上，实现合理的地域分工，使中国农村产业生产逐步实现区域化、专业化、社会化和现代化。

（二）农村产业生产布局的基本内容

1. 农村产业生产条件评价

影响农村产业生产的条件主要有农村产业自然条件、农村产业自然资源与技术条件等方面。缺少对这些条件的评价，就无所谓安排农村产业生产、进行农村产业布局。因此，分析、评价农村产业生产条件对农村产业布局的影响是研究农村产业生产布局的一个重要方面。

2. 农村产业部门布局

农村产业部门布局是在分析农村产业现状的基础上从各农村产业部门的生产特点出发，根据它们所需要的环境，结合各地区的生产条件，选择适宜区，并通过研究各部门的分布状况、发展变化特点和存在问题，确定农村产业各部门的发展方向、规模、水平、分布与增产途径的布局方案。

3. 农村产业地区布局

地区布局的方式是充分发挥各地的区域比较优势，进一步调整区域农村产业结构和生产力，根据国内国际形势发展的需要，按照当地竞争力，满足经济、社会发展和人们生存的需要，提高农产品质量，降低生产成本，促进农村产业的整体发展和实现农村产业现代化。

农村产业的合理布局能促进农村产业发展，意义在于：①可以按照国民经济有计划地按比例发展，充分利用当地的农村产业资源以最少的投入达到产出的要求，在全国范围内实现地区的分工协作。②可以逐步实现农村产业生产的专业化和区域化，提高土地生产率和农产品商品率，提高科学技术和经营管理水平，提高设备利用率。③可以促进工业更快发展，从而加快农村产业现代化的进程。产业相互协调，减少和消除不合理的运输，降低成本。④可以协调经济发展和生态环境的平衡。⑤可以促进全国各地区经济的平衡发展，增进民族团结。⑥可以使各地区农村产业生产有明确的发展方向和奋斗目标，从而有利于充分发挥各地区、各单位的积极性和主动精神，推进农村产业的更快发展。

（三）农村产业生产布局的原则

农村产业生产是在广阔的空间中进行的，由于农村产业生产的经济再生产与自然再生产交织在一起，农村产业生产与自然环境的密切联系决定了农村产业生产具有强烈的地域差异。然而，自然条件是农村产业合理布局的自然因素或自然基础。对农村产业生产布局起决定性作用的另一个因素是社会分工。因为社会分工促进了商品经济的发展，所以商品经济的发展促进了农村产业的专业化和地域化分工。农村产业生产布局是自然环境、地理位置和社会分工共同作用的结果。因此，在具体的农村产业生产布局中要考虑到以下三个基本原则。

1. 充分合理利用自然资源和经济资源的原则

充分合理地利用自然资源和经济资源是农村产业生产合理布局的首要原则。农村产业生产的劳动对象是有生命的生物体，它们都有自然生长和繁育的规律，因此，农村产业生产的配置离不开地域特征与自然环境特征的研究和开发。只有因地制宜，才能趋利避害，建立合理的生物生态系统，提高自然资源的利用率和生产率，也才能提高劳动的社会生产率。在既定的自然条件下，经济条件对农村产业生产布局起着重要的影响作用。农村产业生产的合理布局是一个不断发展的过程，它以自然条件为基础，受到经济条件和技术条件的制约。经济的发展和科学技术的进步，使人们对开发自然资源、确定合理布局不断产生新的认识，不断调整布局，在经济不断发展的同时进入相对合理的状态。

2. 市场需求牵动原则

社会经济联系的整体性决定农村产业生产布局不能仅从农村产业部门发展出发，还必须考虑一定时期的市场需求，特别是一定地区的城市需求，即非农村产业的需求。农工商一体化的思想、城乡一体化的思想对农村产业生产的布局是很重要的。在当前经济全球化趋势越来越明显的国际条件下，农产品市场越来越广阔，国际国内市场需求的牵动使农村产业生产布局越来越市场化。生活消费品市场、生产资料需求市场、交通运输条件的共同作用，使农村产业生产布局更具农工商一体化、城乡一体化特色。国际市场和国内市场联动，以城市和市场为中心已成为市场经济条件下农村产业布局的鲜明特点。

3. 地区均衡布局原则

农村产业生产要突出地区特色，也要均衡布局，就要实现全国农村产业生产的平衡发展。积极开发边远地区和贫困地区的农村产业资源既是一个农村产业经济问题，也是一个国民经济发展的战略问题。特别是山区少数民族地区、边远地区农村产业的发展，既涉及经济发展，也涉及政治稳定和国家安定。这些地区虽然人口不多，但地域广阔、资源丰富，只是交通运输等生产条件较差，从国民经济发展战略高度认识这些地区的农村产业发展问题，从资金、人才、技术等方面支持其农村产业生产和商品经济的发展是一件大事。

（四）农村产业生产布局的影响因素

1. 自然因素对农村产业生产布局的影响

（1）自然环境

自然环境直接影响农村产业生产布局的选择。在各种自然条件中，降水、气温、日照等要素往往能决定某种农产品的布局区域。例如，棉花生产对日照的要求很高，日照时数低的地区就无法种植；茶叶对气温的要求很高，气温达不到的地方基本上无法种植。热带作物、亚热带作物和温带作物在生产地域上的区别等，都反映了自然条件是寻找合适种植地域要考虑的最主要的因素。在农村产业区划中进行农作物适宜区选择时，主要依据的也就是这几种自然条件的情况。

（2）自然资源

农村产业生产的产品直接取决于自然资源，它的分布必须与自然资源完全一致。农村产业的发展主要取决于土地的情况。但是，这并不意味着资源对人类的重要性在减弱，而是恰恰相反。由于人口的增长，生产总规模的不断扩大，人类所消耗的自然资源的总量与日俱增，而资源存量又十分有限，许多种类的资源正面临枯竭。因此，农村产业生产的合理布局，应充分体现出资源的合理利用和合理配置。

2. 社会经济因素对农村产业生产布局的影响

任何一个国家或地区的农村产业结构都不是一成不变的，影响农村产业结构发展变化的因素有自然条件、人口及其消费习惯、粮食供应情况、社会经济制度、交通运输和商品交换的发展、农村产业科学技术的发展应用等。有时这一因素起支配作用，有时另外一些因素起决定作用。从这一点来看，社会生产力发展在农村产业结构发展中起决定性作用。人们不可能脱离生产力的发展来推动农村产业生产的发展，或者阻碍农村产业生产的发展。由于生产力是经常发展变化的，而农村产业结构一经形成就会有一种惯性，因而常常会出现农村产业结构不适应农村产业生产发展要求的现象。于是人们根据生产力发展的要求，需要经常注意去调整、改革过时的农村产业结构。这也就是我们之所以要研究农村产业结构问题的重要意义所在。

进行农村产业生产布局时，一般在符合国家或地区的经济发展需要的前提下以农村产业区划为依据，充分考虑以下三个原则：①扬长避短、因地制宜，根据国家需要和不同地区的自然和社会经济条件，部署最适宜的农村产业生产部门。②生产同原料来源和产品的加工、消费地区相结合，农村产业布局同工业相结合。如建立为工业和城市服务的工业原料、商品粮和副食品供应基地，在原材料产地建立相应规模的农产品加工工业体系等，以利于农村产业的专业化和商品化。③促进农村产业生产地区之间的平衡发展，在农村产业发达和较发达地区发展生产的同时，扶持不发达地区的农村产业，使之尽快赶上生产水平较高的地区。

（五）农村产业生产布局的分析与评价

为了使农村产业生产布局合理化，常需对原有的布局进行分析、评价。其方法除通过定性的分析、研究来揭示原有生产布局中的矛盾，提出改进建议外，还常借助定量分析。其他常用的方法还有投入产出法、线性规划法、系统动态分析法以及与之相适应的各种数学模型，如计量经济模型、投入产出模型、数学规划模型、系统动态学模型等。评价农村产业生产布局方案合理性的指标则包括产量指标（单位土地面积产量、总产量、商品产量）、产值指标（总产值、单位土地面积产值、商品产值）、成本指标（单位土地面积成本和单位产品成本）、劳动生产率指标等。此外，还要考虑生态效益与社会效益等方面的指标。

第二节　现代农村经济管理中的生产要素管理

一、人力资源管理

从宏观管理角度来说，人力资源的管理是对整个社会的人力资源进行计划、组织、控制，从而调整和改善人力资源状况，使之适应社会再生产的要求，保证社会经济的运行和发展；从微观管理角度来说，人力资源的管理是通过对企业、事业组织的人和事的管理，处理人与人之间的关系，人与事之间的配合，并充分发挥人的潜能，对人的各种活动予以计划、组织、指挥和控制，以实现组织的目标。由此，我们可以把人力资源管理阐释为：运用科学的方法，协调人与事的关系，处理人与人的矛盾，充分发挥人的潜能，使人尽其才、事得其人、人事相宜，以实现组织目标的过程。

（一）农村人力资源状况

我国从 20 世纪 70 年代末开始，在人口与经济、社会、资源、环境之间的矛盾影响下，把实行计划生育、控制人口数量、提高人口素质确定为一项基本国策，并在《中华人民共和国宪法》中做了明确规定。但是农村人口增长速度还是居高不下。农村人口的急剧增长和农村经济的发展，使人类与自然关系逐渐变得不和谐，从而造成了许多灾难性的后果。为了处理好人与自然的关系，针对农村人力资源的开发，农村人力资源管理应运而生。农业在进入可持续发展阶段后，农村人力资源的管理是其发展的内在动力。

根据国家统计局相关调查，农村劳动力文化素质的高低与生产要素的投入、占有、使用及经营效益呈正相关，农村人口受教育程度与经济收入有最为直接的关系。农村人口素质对消除目前分配上存在的"脑体倒挂"现象，使收入分配趋于合理也有着重要的影响。所以加强教育，开展技术培训，大力提高农村人力资源水平刻不容缓，提高人力资源水平是消除农村贫困、增加农民收入、推进农业可持续发展的内在动力。实施乡村振兴是党中央在全面建成小康社会决胜阶段，解决好"三农"问题的新方略，为社会主义新农村建设在升级中指明了方向。乡村振兴既不是就农村而谈农村，也不是简单的"城市反哺农村""将农村城市化"，而是要把城市和农村对接融合，实现共同发展的目标。要遵循乡村自身的发展规律，走特色发展的道路，补短板、扬长处，注重内外兼修，使人尽其才、事得其人、人事相宜，共同促进农村生态、产业、文化等方面的发展。

乡村振兴，人才为先。农村建设的一个重要原则就是"以人为本"，实现乡村经济、社会、文化等的发展，需要"有文化、懂技术、会经营"的高素质农民积极参与，要靠人才推动。要实行有效的人力资源管理，才能让各类人才在农村大显身手、各展其能。农村人力资源管理既可以满足农村产业结构调整升级的需要、农业可持续发展的需要，又可以满足农村劳动力返乡创业的需要，所以加强农村人力资源的管理在当前是非常必要的。

（二）农业劳动力利用率

农业劳动力利用率是投入农业生产经营活动的劳动力数量与拥有农业劳动力总量的比值。一般情况下，其比值越大，农业劳动力的利用程度就越高。对农业劳动力利用率问题，从社会经济发展的角度看，应使社会总劳动量在城乡各经济部门的分布趋于合理，使社会总劳动量获得有效的利用，从农业内部看，应首先将种植业的多余劳动力向林、牧、渔业转移，使农业内部的劳动力分布处于较好的利用状态。

自中华人民共和国成立以来，人口增长过快，农村剩余劳力过多，长时期缺乏有效的政策措施推进农村劳动分工，使大量过剩劳动力长期在"集中劳动""统一分配"下被掩盖起来。

（三）优化人力资源管理

人力资源优化是根据农村总体战略目标，科学地计划、预测农村经济在变化的环境中人力供给和需求的情况，从而制定出必要的政策和措施，以保证农村经济在需要的时间和需要的岗位上获得需要的人力，为实现农村经济发展战略目标提供服务。制订规划，既可以保证人力资源管理活动与农村经济发展战略方向目标一致，又可以保证人力资源管理活动的各个环节相互协调，避免产生不必要的冲突。与此同时，在实施农村经济发展战略规划时，还必须在法律和道德观念方面创造一种公平的就业环境，切实做到将人力计划、人力增补和人员培训三者相结合，合理规划人力资源发展；合理改善人力资源分配不平衡的状况，促使人力资源合理运用；适时、适量、适质地配合组织发展的需要以及通过人力资源效能的充分发挥，降低用人成本。

我们在对人力资源进行优化管理的时候要注意的内容主要包括以下五点。

（1）预测和规划本组织未来人力资源的供给状况。对本组织内现有的所有人员的年龄、性别、有关技能、职业方向等方面的信息资料进行预测。分析组织内人力资源流动、调动的情况，相关部门工作岗位设置的情况、人数需求的情况以及人员培训的情况等。

（2）对人力资源的需求进行预测。在预测和规划本组织未来人力资源的供给状况的基础上，根据农村经济发展的战略目标预测本组织在未来一段时间需要什么样的人才，对需要的数量、质量、层次都要进行充分的预测。

（3）进行人力资源供需方面的分析比较。预测出未来一段时间内人员的短缺或过剩的情况，还可以了解到每个岗位上人员余缺的情况，预测需要具有哪一方面知识、技能的人员，这样就可以有针对性地挖掘、培养相关方面的人才，并为组织制定有关人力资源的政策和措施提供依据。

（4）制定有关人力资源供需方面的政策。这是人力资源总体规划目标实现的重要保证。通过人力资源供给测算和需求预测比较，组织应制定相应的政策和措施，并在有关的政策和措施审批后具体实施。例如，与人力资源开发有关的员工职业技能的培训、专业人才的培养、人员接替轮换方案以及员工职业生涯规划等。

（5）评估人力资源优化的效益。在进行农村人力资源规划时人力资源管理工作的重要部分直接影响到各种人员的配置问题。在一个长期发展的阶段，农村人力资源状况始终与农村产业化需求保持一致。优化人力资源，需要进行实时动态管理，顺应农村产业化发展的需求，对管理过程和结果不断进行监督、调整、控制、考核与评价，并重视信息的反馈，使不断优化的管理方式更加切合实际，更好地促进组织目标的实现，切实做到上承战略，下接人才。

二、农村资金管理

目前农村经济的发展主要以农业中小企业的发展为主，这些农业中小企业已经成为我国国民经济中重要的组成部分，是推动我国经济发展的重要力量。但是相对于一般工业企业来说，农业中小企业属于弱势企业，其最大的限制就是融资渠道受限。要解决这一问题，首先要明白资金在农村集体资产中的地位，了解当前的农村资金管理政策，其次要了解适应农业中小企业筹资的新品种并科学地选择融资渠道。

（一）农村集体资产、资源、资金

农村集体资产的管理主要是对资产、资源和资金的"三资管理"。农村集体资产主要包括村民委员会依法拥有的各种财产、债权和其他权利，要按照国家和省、市、区有关规定清产核资、明晰产权、登记造册，确认其所有权和使用权，核发证书；农村集体资源主要包括一切可被村民委员会开发和利用的物质、能量和信息资源，比如土地、林木、荒地、水利等，其经营方式必须经村民会议讨论决定，采取公开招投标交易的形式有偿转让其经营使用权；农村集体资金包括农业再生产过程中物质资料的货币形态，主要分为流动资金和固定资金，比如现金、银行存款、短期投资、内部往来、应收账款等。严格执行国家《现金管理暂行条例》，建立健全现金内部控制制度。从企业发展角度来说，"三资管理"中第一步需要考虑的必然是资金的筹集。

"资金筹集"是指通过各种方式进行资金的筹措以满足企业生产经营过程中所需要的货币资金。资金筹集是企业资金运动的起点，筹资活动是企业生存和发展的基本前提，如果资金链条断裂，那么企业将难以生存，更不可能谈发展，所以资金筹集对企业的生存和发展尤为重要，企业应科学合理地进行筹资活动。

然而，这些资金的来源与筹集的方式不同，所带来的筹资成本和筹资风险也不同。所以，企业在进行筹资的过程中，需要考虑哪些来源与方式才是对企业筹资最有利的，如何使筹资成本和筹资风险降到最低。

（二）农村筹资管理

农业经济是我国重要的经济组成部分，农业中小企业在稳定农业经济发展、吸收农村就业人员和提供社会服务等方面发挥着重要的作用，有利于经济的发展和社会的稳定，有助于推动经济增长。

1. 农业中小企业筹资的财务分析指标

财务分析指标一般包括偿债能力分析指标、获利能力分析指标以及资产管理分析指标。

农业中小企业偿债能力的分析指标包括短期偿债能力和长期偿债能力的分析。分析中小企业短期偿债能力的指标包括"流动比率""速动比率"；分析长期偿债能力的指标包括"资产负债率""产权比率""利息周转倍数"等。其中重点考虑的是：流动比率=流动资产/流动负债，表明短期内偿还流动负债的能力。资产负债率=负债总额/资产总额，表明负债融资占总资产的比重，能分析在清算时保护债权人利益的程度。

分析中小企业获利能力的指标主要包括"销售毛利率""销售净利率""投资报酬率""所有者权益报酬率"。其中重点要考虑的是：销售净利率=净利润/主营业务收入，表明企业每一元的收入所带来的净利润是多少。

分析中小企业资产管理能力的指标是各项资产管理比率（即营运效率比率），主要以周转次数和天数来表示。其中，流动资产管理能力分析的指标主要包括"应收账款周转率""存货周转率""流动资产周转率"。其中，重点考虑的是：应收账款周转率=（期初应收账款+期末应收账款）/2，表明应收账款的流动速度；流动资产周转率=主营业务收入/流动资产，表明了流动资产的利用程度；总资产周转率=主营业务收入/平均资产总额，表明了企业总资产的管理能力。

2. 筹资方式的选择

目前，我国的筹资方式很多，但是在农村中小企业基本上以农业中小企业为主。由于农业产业的弱质性，使农村中小企业面临着极大的风险，所以筹资方式比较单一，基本上还是以银行贷款和农村村级范围内筹资及民间借贷为主。为规范农村村级范围内筹资、筹劳的管理，减轻农民负担，保护农民的合法权益，促进农村经济的发展和农村社会的稳定，根据《中共中央、国务院关于进行农村税费改革试点工作的通知》和《中华人民共和国村民委员会组织法》的有关规定，农业农村部制定了《村级范围内筹资筹劳管理暂行规定》。该规定明确指出农村范围内筹资，主要用于本村范围内农田水利基本建设、植树造林、修建村级道路等集体生产、公益事业。

当然这些方式的选择也存在一定的问题，特别是银行贷款和民间借贷。例如，通过银行贷款无论是贷款程序、信用评价标准还是贷款额度都受到极大的限制；民间借贷在办理手续、利息等方面也会产生一些不利于社会稳定的因素。

从农村农业中小企业筹资方式的选择来看，应从以下四个方面进行改进。

（1）完善农村农业中小企业融资的政策。完善政府对金融机构支持科技型、成长型的农村农业中小企业融资实行减税、贴现、补贴等优惠政策，以调动金融机构为农村农业中小企业融资的积极性。针对农村农业中小企业面广、布局分散的特点，政府可以实行分类指导、鼓励优胜劣汰的竞争措施。对有销路、市场前景广阔、技术创新能力强、效益好的农村农业中小企业进行重点扶持，实行扶优扶强，最后由强带弱，带动农村整体经济的发展。

（2）建立健全中小企业信用贷款服务体系。认真贯彻货币信贷政策的要求，发挥国有商业银行中小企业信贷部门的经营作用，通过改革信贷管理程序、完善信用评价标准，扩大授信范围。下放信贷权限，提高基层分支行营销积极性，与此同时，要健全中小金融机构组织体系，鼓励非公有资本参股商业银行和信用社，引导农民、个体工商户和小企业入股农村信用社，以改善股权结构，创办区域性股份制中小银行和合作性金融机构。另外，可以利用税收优惠、利率补贴、再贷款、再贴现等政策，鼓励银行提高农村农业中小企业贷款比例。

（3）规范民间借贷市场。民间主题的融资活动在办理手续、利息等方面也会产生一些不利于社会稳定的因素。但是不能简单禁止，而是要用地方性法规明确融资双方的权利和义务，将其纳入正规的金融体系。

（4）拓宽农村农业中小企业的融资渠道。可以大胆尝试股权和债券融资，为保证我国证券市场的健康发展，国家应该尽快完善我国证券市场体系，为农村农业中小企业直接融资提供可能。创业板的推出是我国中小企业融资发展的一个大胆尝试，各个农村农业中小企业应该抓住机会，积极争取通过在资本市场上获得更多的资金来加快企业发展速度，提高技术创新能力。

（三）农村人口投资管理

随着我国经济不断发展，人们手中的闲钱越来越多，农民的投资理财有待优化完善。在当今中国城乡经济高速发展的过程中，绝大部分的中国农民通过走出乡村、创办企业、发展特色经济等多种途径已经摆脱了贫困，特别是近年来城镇化的高速发展使部分地区的农户由于拆迁，在落实货币经济补偿机制的同时得到了高额的补偿款，此举使他们的家底快速厚实起来。占地农户短时间内手中就聚集了丰厚的资金，他们的生活状况，也由原来的温饱型向消费型转变。不仅如此，随着城市化进程的不断提升，农民生活消费类型也在悄悄地发生着改变。

农村人口用于食品等生存型消费的比重下降，在衣着修饰、文化教育等发展和享受型消费中的支出大幅增加。在短短的几年时间里，农民生活消费水平发生了质的变化，农民的生活已经从生存型步入发展型的轨道。随着农民各项收入的不断提高和家庭财富积累的不断增加，农民朋友渴望财富增值的愿望日益强烈。在满足了居住条件不断提高、子女教育投入不断加大、生活条件不断得到改善的前提下，面对手中尚余的或多或少的财富，如何理财，已经成为当前农民朋友不得不面对的一个现实问题。

相比于城镇居民，文化差异、受教育程度、地域经济发展的不平衡性等诸多因素的影响，直接造成当前农村理财理念单一的现象。除了平日的生活必须开销外，剩下的钱几乎就是存进信用社，极少的农村家庭会投资理财。老百姓对金融投资的理解，仅限于银行的"存、汇、兑"业务以及储蓄业务可以获得除本金外的利息。由于老百姓只放心把钱存到银行的观念已经固定，并没有获取投资理财的信息来源，导致农村的"闲钱"直接成为"死钱"，农民没有机会也没有意识去享受商业银行的"大众化服务"。随着我国经济的发展和政府对农业的扶持，农村经济发展迅速，农民生活水平提高，很多老百姓在吃饱穿暖的基础上，手中还持有很多闲钱，相对于把钱存入银行，很多农民具有了购买理财产品的经济基础和理念。在政府创新理财产品的基础上，农民购买适合自己家庭情况的理财产品，在可以承受的风险范围之内获得最大的利益，有利于在短时间内提高农民的生活水平，也为实现我国宏观经济管理目标做出贡献。所以说，改善当前农民理财结构，不管对老百姓来说，还是对我国宏观经济的发展来说，都是非常必要的。

改善农村人口投资理财结构应该具体做到以下三个方面。

1. 改善农民理财理念，完善农民投资理财知识

"低消费，高储蓄"是目前我国农村比较普遍的理财现象，在大多数的老百姓眼里，投资理财等于银行储蓄。这种落后和不健全的理财理念是不符合现代社会发展的。为了构建新农村，使农民更加顺应社会发展，政府应为当地农民创造更多的学习机会，以乡镇或者村为单位进行定期的投资理财知识讲座，鼓励老百姓将手中的闲钱转化为资本，来增加农民除了耕种养殖以外的产业性收入。

在加强老百姓投资理财知识教育方面，主要分为以下四个重要手段：第一，应向农民传输个人或家庭理财、生命周期理财规划等观念，打破"一心挣钱，专心攒钱"的陈旧观念，讲授并使其意识到适当的投资理财方法可以实现家庭净资产增加与生活质量得以提高的双重目标，让其对科学的投资理财理念和方法有更多的了解，从思想上改变农民不懂理财乱理财的状况。第二，政府应进一步推进"三下乡"活动的开展，尤其要真正实现"科技下乡"和"文化下乡"以加快改善农村的落后状况。虽然各种媒体，尤其是网络上充斥着各种理财知识和技能培训信息，但农民对这类来源的信息信任度一般不高。下乡人员是由政府委派的，而且属于专业性人才，具有权威性，由他们进行理财知识的宣传和技能的培训，农民群众会愿意相信和接受，效果会比较好。第三，充分利用当地媒体，积极推出适合老百姓的理财服务栏目，并开通服务热线，让老百姓在接收到新理念的同时，遇到不明白、不清楚的地方可以随时拨打电话进行咨询，并受到具体的指导，学会相关的理财软件的业务操作；利用报刊和宣传图册等媒介，让投资理财信息走进每个家庭，茶余饭后可以随时拿起来阅读并和家人邻居探讨，时间久了，耳濡目染，老百姓就会主动去了解、学习。第四，定期或不定期安排专家讲座，进行投资理财知识培训，为了提高村民的

参与积极性，可以设置奖品派送环节，提高老百姓的兴趣；尤其对新青年，可以适当地开设关于投资理财的课程，让农村年青的一代摆脱传统理财观念的束缚，接收合理的符合当代潮流的理财理念，通过年青一代带动老一辈理财理念的转变。在广大农村学校中，农民也应从自身出发，关注国家宏观经济政策，设定科学合理的投资目标与理财规划。

2. 建立健全市场化的社会保障制度

由于农村社会保障体系还不完善，很多保障项目不能满足农村社会发展的需要，在很多地区，并未实现与本地相适应的社会救助、优抚安置和社会福利等机制，严重阻碍了农村投资理财的发展。凯恩斯主义经济学理论中就明确地指出生产和就业的水平决定了总需求的水平。总需求是整个经济系统里对商品和服务的需求总量。之所以存在百姓对投资理财的有效需求不足情况，原因主要在于"三个基本心理因素"，即心理上的消费倾向、心理上的偏好以及心理上对资本未来收益的预期值。所以，只有建立健全百姓投资理财保障制度，解决农民的后顾之忧，提高农民经济生活质量，才能激发老百姓的投资理财欲望。

3. 发展乡镇金融市场

乡镇金融市场的逐步发展和优化，可以进一步拓宽农民投资的渠道，更新农民的理财理念。农村金融理财市场潜力很大，但真正可以深入其中的金融机构却不多，比如说，证券公司的主要市场和客户是大城市和从事与之相关工作内容的人，在农村是几乎看不到证券公司的。相对于城市里遍布街巷的银行网点和 ATM 来说，在农村只有地理位置较为优越的村庄会安置银行网点，并仍然以农村合作银行、农村信用社和邮政储蓄银行为主，基金、股票和债券等投资方式几乎没有发展市场，严重阻碍了农村银行理财服务推广工作的进行，也不利于老百姓了解和购买理财产品。为了改变这种现状，有关部门应大力发展乡镇金融市场，加快基金、股票、债券等金融产品的推广，来进一步优化农村的理财环境。

三、农村土地经营管理

土地流转和适度规模经营是发展现代农业的必由之路，有利于优化土地资源配置和提高劳动生产率，有利于保障粮食安全和主要农产品供给，有利于促进农业技术推广应用和农业增效、农民增收。开展土地流转和适度规模经营应从我国人多地少、农村情况千差万别的实际出发，积极稳妥地推进。为引导农村土地（指承包耕地）经营权有序流转、发展农业适度规模经营，首先要做到全面理解、准确把握中央关于全面深化农村改革的精神。按照加快构建以农户家庭经营为基础、合作与联合为纽带、社会化服务为支撑的立体式复合型现代农业经营体系和走生产技术先进、经营规模适度、市场竞争力强、生态环境可持续的中国特色新型农业现代化道路的要求，以保障国家粮食安全、促进农业增效和农民增收为目标，坚持农村土地集体所有，实现所有权、承包权、经营权三权分置，引导土地经营权有序流转，坚持家庭经营的基础性地位，积极培育新型经营主体，发展多种形式的适度规模经营，巩固和完善农村基本经营制度。

首先，要明确改革的方向。步子要稳，既要加大政策扶持力度，加强典型示范引导，鼓励创新农业经营体制，又要因地制宜、循序渐进。不能搞强迫命令，不能搞行政瞎指挥，要使农业适度规模经营发展与城镇化进程和农村劳动力转移规模相适应，与农业科技进步和生产手段改进程度相适应，与农业社会化服务水平提高相适应，让农民成为土地流转和规模经营的积极参与者和真正受益者，避免走弯路。其次，要坚持基本原则。坚持农村土地集体所有权，稳定农户承包权，放活土地经营权，以家庭承包经营为基础，推进家庭经营、集体经营、合作经营、企业经营等多种经营方式共同发展；坚持以改革为动力，充分发挥农民首创精神，鼓励创新，支持基层先行先试，靠改革破解发展难题；坚持依法、自愿、有偿的原则，以农民为主体，政府扶持引导，市场配置资源，土地经营权流转不得违背承包农户意愿，不得损害农民权益，不得改变土地用途，不得破坏农业综合生产能力和农业生态环境；坚持经营规模适度，既要注重提升土地经营规模，又要防止土地过度集中，兼顾效率与公平，不断提高劳动生产率、土地产出率和资源利用率，确保农地农用，重点支持发展粮食规模化生产。

农村土地承包经营权流转应当在坚持农户家庭承包经营制度和稳定农村土地承包关系的基础上，遵循平等协商、依法、自愿、有偿的原则。农村土地承包经营权流转不得改变承包土地的农业用途，流转期限不得超过承包期的剩余期限，不得损害利害关系人和农村集体经济组织的合法权益。农村土地承包经营权流转应当规范有序。依法形成的流转关系应当受到保护。县级以上人民政府农业行政主管（或农村经营管理）部门依照同级人民政府规定的职责负责本行政区域内的农村土地承包经营权流转及合同管理的指导。

为规范农村土地承包经营权流转行为，维护流转双方当事人合法权益，促进农业和农村经济发展，农业农村部根据《农村土地承包法》及有关规定制定了《中华人民共和国农村土地承包经营权流转管理办法》，其中明确了流转当事人的具体权利和义务、流转的方式、流转合同的相关要求等内容，具体指出承包方依法取得的农村土地承包经营权可以采取转包、出租、互换、转让或者其他符合有关法律和国家政策规定的方式流转。承包方依法采取转包、出租、入股方式将农村土地承包经营权部分或者全部流转，承包方与发包方的承包关系不变，双方享有的权利和承担的义务不变。同一集体经济组织的承包方之间自愿将土地承包经营权进行互换，双方对互换土地原享有的承包权利和承担的义务也相应互换，当事人可以要求办理农村土地承包经营权证变更登记手续。承包方采取转让方式流转农村土地承包经营权的，经发包方同意后，当事人可以要求及时办理农村土地承包经营权证变更、注销或重发手续。承包方之间可以自愿将承包土地入股发展农业合作生产，但股份合作解散时入股土地应当退回原承包农户。通过转让、互换方式取得的土地承包经营权经依法登记获得土地承包经营权证后，可以依法采取转包、出租、互换、转让或者其他符合法律和国家政策规定的方式流转。

土地问题涉及亿万农民的切身利益，事关全局。各级党委和政府要充分认识到农村土地经营权有序流转、发展农业适度规模经营的重要性、复杂性和长期性，切实加强组织领导，严格按照中央政策和国家法律法规办事，及时查处违纪违法行为。坚持从实际出发，加强调查研究，搞好分类指导，充分利用农村改革试验区、现代农业示范区等开展试点试验，认真总结基层和农民群众创造的好经验、好做法。加大政策宣传力度，牢固树立政策观念，准确把握政策要求，营造良好的改革发展环境。加强农村经营管理体系建设，明确相应机构承担的农村经济管理工作职责，确保事有人干、责有人负。各有关部门要按照职责分工，抓紧修订完善相关法律法规，建立工作指导和检查监督制度，健全齐抓共管的工作机制，引导农村土地经营权有序流转，促进农业适度规模经营和农村经济健康发展。

（一）农村土地流转模式

国家政策规定的流转主要有互换土地、交租、入股、宅基地换住房与承包地换社保、"股份+合作"五种模式。

1. 互换土地模式

互换土地模式是农村集体经济组织内部的农户，为方便耕种和各自的需要，对各自土地的承包经营权进行的简单交换，是促进农村规模化、产业化、集约化经营的必由之路。中国农村实行土地联产承包责任制，农民分到了土地，但由于土地肥瘦不一，大块的土地被分割成条条块块。划分土地时留下的种种弊病，严重制约着生产力的发展和规模化经营。如何让土地集中连片，实现规模化、集约化经营，于是互换这种最为原始的交易方式，进入农民的视野。

2. 交租模式

交租模式是在市场利益驱动和政府引导下，农民将其承包土地经营权出租给大户、业主或企业法人等承租方，出租的期限和租金支付方式由双方自行约定，承租方获得一定期限的土地经营权，出租方按年度以实物或货币的形式获得土地经营权租金。其中，有大户承租型、公司租赁型、反租倒包型等。

3. 入股模式

入股即"股田制"或股份合作经营。这种模式是指在坚持承包户自愿的基础上，将承包土地经营权作价入股，建立股份公司。在土地入股过程中，实行农村土地经营的双向选择（农民将土地入股给公司后，既可继续参与土地经营，也可不参与土地经营），农民凭借土地承包权可拥有公司股份，并可按股分红。该形式的最大优点在于产权清晰、利益直接，以价值形式把农户的土地承包经营权长期确定下来，农民既是公司经营的参与者，也是利益的所有者，是当前农村土地使用权流转机制的新突破。

4. 宅基地换住房与承包地换社保模式

"宅基地换住房与承包地换社保"的模式是农民放弃农村宅基地，宅基地被置换为城市发展用地，农民在城里获得一套住房。农民放弃农村土地承包经营权，享受城市社保，建立城乡统一的公共服务体制。

5. "股份+合作"模式

"股份+合作"模式是农户以土地经营权为股份共同组建合作社。村里按照"群众自愿、土地入股、集约经营、收益分红、利益保障"的原则，引导农户以土地承包经营权入股。合作社按照民主原则对土地统一管理，不再由农民分散经营。合作社挂靠龙头企业进行生产经营。合作社实行按土地保底收益和按收益分红的方式，年度分配时，首先支付社员土地保底收益每股（亩）定额，留足公积公益金、风险金，然后再按股进行二次分红。

（二）农村土地规模经营

1. 以农业产业化龙头企业带动发展土地规模经营

在农村经济结构中，只有少数企业处于市场前沿，这些企业掌握着较多的市场信息并且善于经营。争先效仿的小农户出现"难卖"的情况，致使小农户在激烈的竞争中处于下风，甚至被淘汰。为了避免这种情况的发生，农村经济结构的调整必须要考虑合理地将现有的资源优化配置，进行整合，形成规模经营、共同发展。这个时候就可由农业产业化龙头企业直接实行土地规模经营。农业产业化龙头企业可以直接实行土地规模经营，龙头企业带动农户发展土地规模经营，现实地解决了小生产与大市场的矛盾。

2. 以农村土地股份合作社为主的经营模式

农民专业合作社是目前中国农业发展的主流经济组织，以农村土地股份合作社为主的经营模式是发展土地规模经营的有效形式。以土地承包经营权或资金入股，组建阶段的技术人员和务工人员可用工资入股，农民既可以获得务工收入，又可以按股分红。

第二章
农村经济组织构建

第一节　农林专业合作社的建立

一、建立农林专业合作社的原因与必要性

传统农业向现代农业的彻底转变也是保证实现农民长期增收的必要条件。因此，发展现代农业是社会主义新农村建设的首要任务。然而，现代农业技术、结构和制度的变迁都无法在传统农业内部自发完成，需要来自农业外部的支持和创新。

在我国，由于个体农户受到资金、技术、知识以及市场等因素的制约，在农业内部实现传统农业向现代农业的自发转变是不可能的。因此，建设社会主义新农村急需解决的主要现实问题是如何在坚持以农村土地家庭承包责任制的基础上，通过农业外部向农业内部输入经济资源和智力条件，积极发展现代农业，帮助农民获取长期稳定的持续增收和自我发展能力，以促进农村社会的内源发展。从经济学角度看，外部智力和资源向农村内部的投入不外乎两种途径，即政府和市场。虽然近年来我国中央和地方财政均增加了对"三农"的投入，但相对于新农村建设所需要的巨大资金总量而言，这一数量远远不够。

传统的小农经济使农民收入提高缓慢，农村专业合作社的成立，能最大限度地整合有限资源，提高资源的利用效率，同时有利于增强农村经济抗击经济风险的能力，快速、稳定地提高农民收入，是加快社会主义新农村建设和推进城乡一体化进程的重要手段。

二、组建农林专业合作社的基本条件

我国农林专业合作经济组织取得了一定的发展，但就农林专业合作经济组织自身来说，组织松散、规模过小、组织程度低、经济实力弱、基金和人才匮乏、缺乏发展建设的

长远规划、区域发展上的不均衡及轻视合作经济理论的培训和普及等诸多问题，都不容忽视。因此，农林专业合作经济组织的组建应该具备以下三个基本条件。

（一）中国经济体制及农业经营体制的改革

随着市场经济体制的确立，资本、土地、劳动力、技术等生产要素市场相应出现。各种生产要素可以进入市场、自由流动，才有可能出现生产要素的优化组合，人们才可能有机会选择农林专业合作经济组织这种生产要素的组合形式；另外，家庭承包经营责任制的推行将农业经营组织分为两个层次，即在保留集体经济的统一经营职能的同时，通过分散经营，使承包农户成为拥有一定生产经营自主权的主体。这不仅极大地调动了农民生产的积极性，也使农户拥有了在市场竞争中建立合作经济组织的权利。

（二）农民具有组织、合作起来的意愿

合作经济组织产生和发展的根本价值，就在于能满足在市场竞争中处于弱势地位的农业生产者增强竞争能力，实现并维护自身利益的需求。因此，农民具有组织、合作起来的意愿是合作组织产生和发展的主观前提。而这又取决于农民对自身在市场竞争中的需求的认识、对合作组织的认知和态度、现实中合作组织的绩效以及对农民的吸引力等因素。

（三）区域经济商品化、专业化有一定程度的发展

农林专业合作经济组织是农村生产经营组织的创新，其实质是对农户与市场关系的质的改进，这种改进必然以某产品的生产、交易在空间或地域上具有一定程度的量的集中，即区域经济商品化、专业化生产有一定程度的发展为前提。

三、组建农林专业合作社的程序

根据国家、省有关法律、法规和政策，组建农林专业合作社，要经过一定的法律程序取得法人资格后，才能参与民事和经济活动，为自己取得民事权利，确定民事义务。组建的具体方法和程序包括以下六个步骤。

（一）明确发起人

发起人就是发起并创办农林专业合作社的创始人。在农林专业合作社组建的筹备阶段，主要工作由发起人来做。农林专业合作社的发起人既可以是自然人，也可以是企业法人、社团法人。发起人最低不得少于五人，并组成筹备小组。自然人作为发起人应具备以下条件：首先，坚持党的路线、方针、政策，政治素质高，组织能力强；其次，在本地区、本行业内有较大影响力，一般为专业大户；最后，要具有完全民事行为能力。

（二）进行可行性分析论证

可行性分析论证是组建农林专业合作社的基础性工作。发起人要对本地区、本行业农民群众对专业合作的需求状况、专业生产的现状、市场前景、竞争对手等进行认真调查研究，确定所要组建的合作社的活动和经营范围。根据有关示范章程和农村经济、社会资源状况，各农林专业合作经济组织可根据自己的实际情况，选择以下一项或几项作为本组织的业务范围：提供本组织成员在生产、加工、销售方面所需要的资金；对组织成员进行技术指导和服务，引进新技术、新品种，举办技术培训、示范，开展技术交流，组织内外经济技术合作；采购和供应组织成员所需的生产资料与生活资料；收购和推销组织成员生产或加工的产品；从事农产品的运输、加工、储藏和销售等业务；对外签订合同（在现行法律法规许可范围内），开展与经济部门、科研单位及其他经济组织的合作；向组织成员提供有关经济、技术信息；开展本组织需要的其他业务。

（三）起草农林专业合作社章程

农林专业合作社章程（目前有专业合作社章程和专业协会章程两种形式），是为规范农林专业合作经济组织内部关系，统一开展生产经营活动的原则和办事程序而制定的规程，章程的制定是一项非常重要的工作。章程的起草由发起人负责，可参照各类示范章程，并根据自己的实际情况，充分体现合作制的基本原则。章程内容包括：农林专业合作经济组织的名称、活动内容、合作活动的地域范围；成为专业合作组织成员的条件及加入、退出的手续；会员的权利和义务；加入合作社组织的资金规定，各种活动费用的负担方法；利润的分配方法和亏损的处理方法；成员大会的权限和活动，理事会、监事会的人数、产生办法、职务设定、领导人员任免方法及职责权限规定；会（社）员、资产与财务管理等内部管理制度；经营结果的公告；章程的修改程序；终止与清算处理等。

（四）吸收成员

本着自愿的原则，在本地区或本行业，凡从事与本社同类或相关产品，有一定的生产规模或经营、服务能力，具有完全民事行为能力的农民、组织或相关事业的个人，承认并遵守本专业合作社章程，自愿提出入社申请，认购股金或组织费，经筹备小组讨论通过，就可以成为本社的成员。合作社中享有土地承包经营权的农民必须占80%以上，法人成员不得超过总量的5%，生产性合作社中从事生产的社员占社员总数的一半以上。

（五）注册登记，取得法人资格

农林专业合作社由工商行政管理部门依照《企业法人登记管理条例》或《公司登记

管理条例》进行登记，发给营业执照，准许其围绕成员的生产或加工、销售从事经营活动。

具体步骤如下：

（1）申请工商部门注册登记，取得法人资格。

①设立登记申请书。

②全体设立人签名、盖章的设立大会纪要。

③全体设立人签名、盖章的章程。

④法定代表人、理事的任职文件和身份证明。

⑤载明成员的姓名或者名称、出资方式、出资额以及成员出资总额，并经全体出资成员签名、盖章予以确认的出资清单。

⑥载明成员的姓名或者名称、居民身份证号码或者登记证书号码和所住地成员名册，以及成员身份证明。

⑦能证明农林专业合作社对其住所享有使用权的住所使用证明。

⑧全体设立人指定代表或者委托代理人的证明。

（2）申请公安局印章管理部门刻制印章，并提供相关资料。

（3）申请质量技术监督局办理机构代码证，并提供相关资料。

（4）申请税务部门办理税务登记证，并提供相关资料。

（5）申请银行部门开设存款账户，并提供相关资料。

（六）召开成立大会

发起人筹备小组召集各成员召开农林专业合作社成立大会。成立大会也是第一次成员大会。成立大会主要的议程有以下六项。

（1）听取筹备小组报告本专业合作社筹备工作情况。

（2）选举理事会和监事会成员并选举产生理事会理事长、副理事长、秘书长及监事会主席等。

（3）讨论和通过本专业合作社的章程。

（4）讨论和通过本专业合作社内部各项管理制度和运行机制。

（5）讨论和通过本专业合作社年度工作计划和其他有关事项等。

（6）将组建农林专业合作社的档案、资料报送主管部门备案。

四、农林专业合作社的运作方式

（1）农林专业合作社设立社员大会、理事会、监事会等组织机构。

（2）社员大会是最高权力机构。社员大会由全体社员组成。社员大会主要审议、修改章程，选举产生理事会、监事会或罢免其成员，审议财务报告，决定经营管理、处置财产等重大事项。社员大会每年至少召开一次，应当有三分之二以上社员出席方可召开，表决实行一人一票方式，也可以按交易额与投资额结合实行一人多票方式，但单个社员拥有的表决权最多不得超过总表决权的20%。

（3）理事会是执行机构，负责日常工作，对社员大会负责。理事由社员大会选举产生，理事会选举产生理事长一人，副理事长一人。理事长（执行理事）为本社的法定代表人。

（4）经理由理事会聘任和解聘，理事可以兼任经理，经理根据理事会的授权负责具体经营活动。

（5）监事会是监察机构，代表全体社员监督和检查理事会的工作，对社员大会负责。

第二节　涉农企业的建立

一、涉农企业组建的机会分析

像其他企业一样，涉农企业应该根据自身的特点和环境变化寻找组建机会。投资创业要善于抓住好机会，把握住了稍纵即逝的投资创业机会，就等于成功了一半。对如何发现涉农企业的组建机会，具体表现在以下四个方面。

（一）在变化中寻找机会

环境的变化，会给涉农企业的创建带来良机，人们通过这些变化，就会发现新的前景。

这些变化主要包括产业结构的变化、科技进步、交通与通信、政府放松管制、经济信息化与服务化、价值观与生活形态化、人口结构变化。

例如，根据当地产业结构和产业的变化能决定组建哪种产业类型的涉农企业，是种植业还是生产型涉农企业或是服务型涉农企业等。又如，根据政府对某些特殊类型的涉农企业（如农药制造业）政策的变化来决定是否进行该方面的投资。再如，根据国家对农业产业扶持政策，包括税收政策、财政政策和金融政策的调整和变化可以抓住机会组建在经济上和政策上最有利的涉农企业等。

（二）从"低科技"中把握机会

随着科技的发展，开发高科技领域是时下热门的课题，从目前的情况来看，涉农企业总体上不属于"高科技领域"。涉农企业，特别是中小型涉农企业的组建应当重点考虑的是资源的有效利用以及对环境的保护，比如绿色食品的开发、运输或者依托当地龙头型涉农企业开发系列中小涉农企业作为补充，拓展涉农企业生存空间并提高涉农企业综合竞争力。因此，进行涉农企业的组建分析要树立如下理念："低科技领域"也有机会，关键在于开发。

（三）集中盯住某些顾客的需要就有机会

机会不能全部从顾客身上去找，因为共同需要容易认识，基本上已很难再找到突破口。而实际上每个人的需求都是有差异的，如果我们时常关注某些人的日常生活和工作，就会从中发现某些机会。因此，在寻找机会时应习惯把顾客分类，如政府职员、大学讲师、杂志编辑、单身女性、退休职工等，认真研究各类人员的需求特点，机会自见。

例如，现在人们对健康越来越重视，可以根据当地的环境和地域特点开发农家乐项目或者开发果园与水果加工业等，吸引不同类别的顾客来此休闲、现场采摘和购买新鲜果汁等。

（四）追求"负面"就会找到机会

所谓追求"负面"就是着眼于那些大家"苦恼的事"和"困扰的事"。人们总是迫切希望解决这些问题，如果能提供解决的办法，实际上就是找到了机会。例如有些家庭，要么离市场较远，要么没有时间买菜，要么对生活质量的要求较高，一定要购买特定农场或者认为安全的新鲜蔬菜等，自身没有解决办法或者是解决问题的成本太高，根据这种情况就可以抓住机会成立送菜公司。这就是从"负面"寻找机会的例子。

二、涉农企业组建的可行性分析

组建涉农企业的可行性分析主要应当考虑如下十个问题。

（1）市场预测和项目规模。包括：市场需求量简要分析，如计划销售量、销售方向；产品定价及销售收入预测；项目拟建规模；主要产品及副产品品种和产量。

（2）原材料、燃料和动力供应。包括：项目投产后需用的主要原料、燃料，主要辅助材料以及动力数量、规格、质量和来源；需用的主要工业产品和半成品的名称、规格、需用量及来源等。

（3）厂址。包括：地理位置、占地面积及必要性；水源及取水条件；废水、废渣排放堆置条件。

（4）项目工程技术方案。包括：项目范围，即主要的生产设施、辅助设施、公用工程、生活设施内容；采用的生产方法、工艺技术；主要设备的来源，如需从国外引进，则简要说明引进的国别、技术特点、型号等。

（5）环境保护。排放污染物的种类、数量，是否达到国家规定的排放标准；主要治理设施及投资。

（6）工厂组织及劳动定员。工厂组织形式和劳动制度；全厂总定员及各类人员需要量；劳动力来源。

（7）投资估算和资金筹措。包括项目所需总投资额和资金来源。

（8）分析国家有关的产业政策、技术政策，分析项目是否符合这些宏观经济要求。

（9）市场推销战略。在市场经济环境中，企业不可能依靠国家统购包销完成销售额。企业要根据市场情况制定合适的销售战略，争取扩大市场份额，稳定销售价格，提高产品竞争能力。因此，在可行性研究中，要对市场推销战略进行相应研究。

（10）社会经济条件。社会经济条件主要指地区的工农业生产水平及近远期发展规划、与本项目有关的现有企业、技术工人来源等在项目建成后所需社会协作的条件。

三、组建涉农企业的原则、条件和形式

（一）组建涉农企业必须遵循的原则

符合国家经济、社会发展战略和产业政策；发挥现有生产能力和优化生产要素组合，提高规模经济效益；推进科技进步和管理现代化，增强企业竞争能力；形成群体优势和综合功能，提高宏观调控的有效性；实行企业要求和政府引导相结合；坚持参加自愿和依章退出，实行互惠互利。

（二）组建涉农企业应具备的条件

必须是当地或同行业中急需发展或者有足够发展空间的产业，经济实力、技术开发能力和水平预计都能达到要求；应是在国内市场具有竞争能力的产品，或者是重要的有发展前途的产品；能充分利用当地农林等资源又不会破坏环境；涉农企业与其他企业、单位之间，应通过资源、资产和生产经营的纽带相互补充，组成一个有机整体；在章程中明确规定投资者和利益相关者的利益关系及其应承担的经济责任；有健全的管理机构和财务管理制度。

我国现行法律，个人创业的法律途径主要有：设立有限责任公司；申请登记从事个体工商业；设立个人独资企业；设立合伙企业。

（1）有限责任公司。最低注册资本 10 万元人民币。基本要求：

①股东符合法定人数，即由两个以上 50 个以下股东共同出资设立。

②股东出资达到法定资本最低限额：以生产经营为主的公司需 50 万元人民币以上；以商品批发为主的公司需 50 万元人民币以上；以商品零售为主的公司需 30 万元人民币以上；科技、咨询、服务公司需 10 万元人民币以上。

③股东共同制定公司章程。

④有公司名称，建立符合有限责任公司要求的组织机构。

⑤有固定的生产经营场所和必要的生产经营条件。

（2）个体工商户。对注册资金实行申报制，没有最低限额。基本要求：

①有经营能力的城镇待业人员、农村村民以及国家政策允许的其他人员，可以申请从事个体工商业经营。

②申请人必须具备与经营项目相应的资金、经营场地、经营能力及业务技术。

（3）私营独资企业。对注册资金实行申报制，没有最低限额。基本要求：

①投资人为一个自然人。

②有合法的企业名称。

③有投资人申报的出资。

④有固定的生产经营场所和必要的生产经营条件。

⑤有必要的从业人员。

（4）私营合伙企业。对注册资金实行申报制，没有最低限额。基本要求：

①有两个以上合伙人，并且都是依法承担无限责任者。

②有书面合伙协议。

③有各合伙人实际缴付的出资。

④有合伙企业的名称。

⑤有经营场所和从事合伙经营的必要条件。

⑥合伙人应当为具有完全民事行为能力的人。

⑦法律、行政法规禁止从事营利性活动的人，不得成为合伙企业的合伙人。

合伙人可以用货币、实物、土地使用权、知识产权或者其他财产权利出资；上述出资应当是合伙人的合法财产及财产权利。

（三）创办、组建涉农企业可根据本地实际采取多种形式和办法

依托当地资源优势，组建产加销、种加销、养加销的生产经营型企业；以乡镇企业优

势产业、名牌产品或骨干企业为龙头，组建技工贸、贸工农、农工商一体化的企业集团；以经济技术联合或城乡协作为纽带，组建跨地区、跨行业的企业；乡（镇）村（村民小组）集体经济组织组建控股公司，与所属企业形成区域性企业集团等；以乡（镇）、村（村民小组）为单位，组建实体公司或总公司，增强整体实力，提高规模效益；以村民等自然人为主体创办独资涉农企业。

四、涉农企业开办登记程序

不同类型的涉农企业，其开办登记程序有所不同。以下以常见的有限责任公司为例予以说明。其开办登记过程一般分为两个阶段：第一阶段为公司名称预先核准，第二阶段为公司设立登记。具体程序如下。

（一）公司名称预先核准

（1）公司名称预先核准申请人的资格

设立有限责任公司，由全体股东同意指定的代表（指股东）或者共同委托的代理人（指具有代理业务的公司派员或者律师事务所的律师）作为申请人，向公司登记机关申请公司名称预先核准。

（2）申请公司名称预先核准的步骤和手续

①领表：申请人直接向公司登记机关领取《企业名称预先核准申请书》，并按要求填写。

②提交材料：企业名称预先核准申请书；股东或者发起人的法人资格证明，企业法人的应当提交经原登记机关加盖印章的《企业法人营业执照》复印件，事业法人的应当提交编委批文复印件，社团法人的应当提交民政部门核发的《社团法人登记证》复印件或者自然人的身份证明；全体股东同意指定的股东代表或者共同委托代理人的委托书及其派员的身份证复印件；股东的出资协议。

③受理审查：公司登记机关在收齐申请人应当提交的上述材料后，发给申请人编有号码的《公司登记提交材料收据》。公司登记机关于受理之日起 10 天内作出核准或驳回的决定。

④查询结果：申请人按照《公司登记材料收据》的说明，查询申办结果。

⑤领取通知书：申请人凭《公司登记材料收据》领取《企业名称预先核准通知书》或《企业名称申请核驳通知书》。

（二）公司设立登记

（1）公司申请设立的时限

①必须在公司名称保留期六个月内申请设立登记。

②法律、行政法规规定设立有限责任公司必须先行审批的，必须在批准之日起 90 天内向登记机关申请设立登记。

（2）公司设立登记申请人的资格

公司设立登记申请人的资格和企业名称预先核准申请的资格相同。

（3）公司设立登记的步骤和手续

①领表。申请人凭《企业名称预先核准通知书》向登记机关领取《公司设立登记申请书》，按表格要求填写。

②提交材料。有限责任公司设立登记应提交的材料：公司董事长签署的设立登记申请书；公司章程（按《中华人民共和国公司法》第 22 条要求）；会计师事务所或审计师事务所出具的验资证明（全民所有制单位的股东还应提交所隶属的国有资产管理局的产权登记表）；载明公司董事、监事、经理姓名、住所的文件以及有关委派、选举或者聘用的证明；公司法定代表人任职文件和身份证明（如法定代表人是非公司所在地户口的，还应提交公司所在地的暂住证）；《企业名称预先核准通知书》；公司住所证明（指房产证明或房屋租约）。法律、行政法规规定设立有限责任公司必须经审批的，还应提交有关的批准文件；经营范围中有法律、行政法规规定必须经审批项目的，还应提交有关部门的批准文件。

③受理审查。登记机关在收齐申请人应提交的上述材料后，发给申请人编有号码的《公司登记材料收据》。登记机关从受理之日起 30 天内做出核准或驳回的决定。

④查询结果。申请人按照《公司登记材料收据》的说明，查询申办结果。

⑤领照或领取通知书。公司设立登记申请被核准，由公司的法定代表人持《公司登记材料收据》办理领取《企业法人营业执照》签名手续；如果公司设立登记被驳回，申请人则凭《公司登记材料收据》领取《公司登记驳回通告书》。

⑥在规定的报纸上发布公告。

第三节　家庭农场的建立

一、家庭农场管理的内容

（一）经营决策的市场导向

农户的家庭农场经营，其关键在于科学的经营决策，而科学决策的前提是以市场为导向，即农户家庭农场在进行经营决策时，应以提高农产品商品率为指导思想，针对市场的需求变化组织生产，一改过去"以产定销"为"以销定产"的决策模式。

（二）资金筹措的科学预测

农户家庭农场要进行生产经营活动，除了要有劳动力和承包一定面积的土地外，还必须拥有机械设备、耕畜、种子、肥料等生产资料，以及一定数量的现金和存款。它是农户生产经营活动的经济基础。资金的筹措，需要考虑资金的需要和可能两个方面。其一，以自身积累为主，外援借款为辅；其二，量力而行，适度举债。实现资金需求与可能的相对平衡，以体现资金筹措的科学性。

（三）经营要素的优化组合

农户家庭农场经营要素包括人员、物资、资金、技术、信息等经营要素，经营要素优化组合的实质就是正确处理劳动力、劳动资料、劳动对象等生产要素的联结方式和比例关系，合理组织生产力。

（四）产品成本核算的原则

产品成本，是决定农户家庭农场经营效益及其市场竞争力的最主要方面。农户家庭农场经营，需要借助成本预测、成本计划、成本核算以及成本分析等环节，进行不同形式的成本控制。

农户家庭农场经营的农产品成本核算应遵循以下原则：一是规定成本开支范围，严格划清各种费用的性质和用途，再将费用计入有关核算对象的相应成本项目；二是建立完整的原始记录凭证，以保证成本核算的质量，反映真实的成本水平；三是选用科学的计算方法，以便对产品进行合理计价，发挥成本核算在成本管理中的作用，以体现成本核算的效益原则。

（五）产品销售的现代营销观念

树立现代市场营销观念，进行有效的产品销售管理，是农户家庭农场经营的一个重要标志。农户家庭农场所生产的产品最终要接受市场的检验，实现产品向商品的转化，即在市场上实现其价值的转化。销售管理的主要任务：一是开展市场调查和预测。收集有关商品和市场销售的各种信息，运用科学的方法，对产品需求的发展趋势做出预测，为产品生产决策提供依据。二是编制产品销售计划。根据市场需求预测，及农户家庭农场生产经营条件的可能，合理地确定产品计划的销售数量，以使产品销售及销售收入建立在科学计划的基础上，从而保证销售任务的完成。三是选择产品销售方式。农户家庭应综合考虑产品的特点、市场环境、消费者的要求等因素，有针对性地选择销售方式；继而接受订货，签订销售合同，及时地销售产品。四是组织销售业务工作。包括产品包装、商标、广告、发运、推销等，以沟通供需之间的信息，提高销售数量。农户家庭农场也应按照市场营销的规律，实现其产品的价值。

二、家庭农场注册登记条件

家庭农场去其经营场所或住所所在县、不设区的市工商行政管理局以及市辖区工商行政管理分局进行登记。

（1）申请人农业的身份证明（户口簿本人页或者其他农业户口证明）。

（2）设立登记申请书。

（3）经营规模相对稳定，土地相对集中连片；土地租期或承包期应在一定（一般情况下，初期5~10年，中期10~20年）年限以上，土地经营规模达到当地农业农村部门规定的种植、养殖要求；有《农村土地承包经营权证》《林权证》《农村土地承包经营权流转合同》等经营土地、林地的证明。

（4）选择经济组织模式：个体工商户、个人独资企业、合伙企业、公司等其他组织形式。

三、家庭农场注册验资

家庭农场申请人可以以货币、实物、土地承包经营权、知识产权、股权、技术等多种形式、方式出资。申请人根据生产规模和经营需要可以选择申请设立为个体工商户、个人独资企业、合伙企业和有限责任公司。

在登记注册时，还可享受目前实施的一应优惠政策，如"有限公司除法律、行政法规和依法设立的行政许可另有规定的外，一律降低到 3 万元人民币（注册资本）""允许有限公司注册资本'零首付'注册登记"等。

挑选注册类型一定要注意，如果注册个体工商户，则对注册资本没有门槛要求，不需要验资，但个体工商户承担的是无限责任。也就是说，一旦发生经营危机，家庭财产有可能抵偿债务。而有限责任公司则要验资，以注资额为限，承担有限责任，家庭财产不受牵连。

四、家庭农场贷款方式

中国农业银行出台《中国农业银行专业大户（家庭农场）贷款管理办法（试行）》（以下简称《办法》）规定单户专业大户和家庭农场贷款额度提升到 1000 万元。

根据客户经营现金流的特点设定了更加科学灵活、符合实际的贷款约期和还款方式，贷款期限最长可达 5 年；针对农村地区担保难的问题，《办法》创新了农机具抵押、农副产品抵押、林权抵押、农村新型产权抵押、"公司+农户"担保、专业合作社担保等担保方式，还允许对符合条件的客户发放信用贷款。

按照规定，借款人必须是有本地户口的家庭农场经营户、家庭农场经营状况良好、无不良信用记录和拖欠他人资金的情况。

具体包括：借款人种养历史经验和专业经营能力、应对市场价格波动能力、承包经营农地的合法性和稳定性、家庭稳定性、财务状况、个人品行以及新型担保方式的合法合规性、价值稳定性、处置变现的难易程度等。

办理家庭农场贷款所需材料：

（1）申请书。

（2）家庭农场营业执照。

（3）家庭农场的介绍。

（4）以土地承包经营权抵押的，需要有《农村土地承包经营权证》《农村土地承包经营权流转合同》或《林权证》。农机具抵押、农副产品抵押，也需要出示相关的所属证明。

（5）家庭农场法人身份证及法人介绍。

（6）有验资报告的提供验资报告。

（7）近三个月的资产负债表和财务说明。

（8）还款计划说明。

所需材料全部要加盖家庭农场公章。

五、家庭农场如何获得政府补贴

各地政府鼓励有条件的率先建立家庭农场注册登记，明确家庭农场认定标准、登记办法，制定专门的财政、税收、用地、金融、保险等扶持政策。

家庭农场想要获得政府补贴应从以下三个方面入手。

（一）先给家庭农场办"身份证"

带上个人身份证、户口簿、土地承包流转合同、个人照片、办公场所证明等材料到所在地工商部门填写申请表，并核准家庭农场名称，核准后提交材料。如果材料齐全并符合要求，工商部门当场受理，之后工商部门会根据《个体工商户登记管理办法》的规定，派两名以上工作人员对所提供的材料进行核查，如果没问题，15 日之内就会有结果。

（二）认真了解补贴政策，满足补贴条件限定

因为各地农业发展现状不同，家庭农场的补贴政策及力度差异也很大。并且，政府对家庭农场扶持也有各种条件，只有符合这些条件的家庭农场才能获得政府的补贴和重点支持。同时，补贴的项目也是多样化。

（三）申报农业项目

每年各省项目都很多，也有竞争，所以每个项目从通知到申报截止时间都很短，可配置项目申报专门人员，时刻注意项目申报信息，以便第一时间获得信息而完成申报。也可以与科研院校等机构建立良好合作关系，共同完成农业项目。

六、明确家庭农场登记注册中的五个问题

（一）自愿登记

自愿登记。不规定，不强求，对提出登记的提供有效服务，不申请登记的维持原有的运作方式，并允许农民在等待、观望、比较中做出自认为利益最大化的选择。

自由选择。规模的大与小，确定什么样的组织形式（个体工商户、个人独资企业、公司制企业等），完全由农民自主确定，行政部门不干预。

（二）名称

无论采用何种组织形式，都应当在名称中直接冠以"家庭农场"字样，既直接点"题"，又可视为行业特征，同时也方便查询统计和分析。

（三）申请主体

家庭农场的申请主体主要有以下四类：申请主体的户籍是农民，在农村有承包的土地，从事的就是纯农业的种植、养殖业等；申请主体的户籍是农民，家中也有承包土地，但早年离乡从事工业、服务业并成为业主，现在回乡创办家庭农场（含放弃或保留从事工业、服务业两种类型）；申请主体为农业院校毕业的大中专毕业生，户籍为非农，但熟悉和从事着农业经济，他们是在有条件的情况下想申请成为"农场主"；申请主体为长期或曾经从事农业科技推广、服务的农技人员，户籍可能有农民和非农之分，他们有技术、有专长，除了一部分应聘从事涉农科技服务外，不排除有人利用熟悉地头、人头的优势，创造条件申请设立家庭农场（也会有人在幕后支持和支撑）。

（四）主业

种植业，包括稻谷、蔬果、花卉、苗木，以及其他需要特殊注明的物品的种植；养殖业，包括水产、家禽、猪、牛、羊等；围绕种植业、养殖业开展的技术咨询和提供的科技服务、培训等；农业观光服务（如垂钓、果蔬的采摘等，但不包含旅游）。

这里需要特别说明的是，当下已在农村流行的"农家乐""农家游"等业态不能审核为家庭农场。"农家乐""农家游"等主要从事餐饮、旅游业，与家庭农场的涉农投资发展具有本质差异，应列入三产服务业的范畴。

（五）土地权属证明

"农场主"要申办家庭农场，前提条件之一是取得一定数量的土地使用权，从目前农村的实际情况看，其来源大致有三种：户籍为农民的"农场主"的自有责任田；通过签约取得同村村民的流转土地；依约从集体，如村民委员会设立的土地流转中心取得土地。

一些地方为规范非农人士取得流转土地，增加了一些程序，如必须经过村民大会或者村民代表大会讨论同意，或有农业和土地主管部门的审核鉴证等。只要是合法拥有、依约取得，并能提供有效证明的，均符合申办家庭农场的条件。

第四节　农业科技园区的建立

一、农业科技园区的功能

1. 农业产品及农业生产资料加工厂

它是农产品精深加工、发展循环经济和用最新品种、最好技术培育和加工具有市场竞争力的优质农业产品的加工厂。

2. 农业科技企业的创业园

它是农业科技专家、教授、农业企业家、海外留学人员等科技工作者和经营者创业基地。

3. 农业科技产业资源聚集地

人力资源、经济资源、社会资源、产业资源都会因经济效益和高新技术产品的开发在一定的区域空间集中。

4. 农业技术、产业、产品示范点

它是现代农业、高科技农业、工厂化农业、未来农业、管理体制改革等展示园,也是农业高新技术创新、推广扩散的技术源头。

5. 农业科技企业的孵化器

它是农业科技企业、农业科技企业家和农业科技成果转化、风险投资的共享平台和创业环境。

6. 农业休闲旅游景点

它既保持了农业的自然生态属性,又具有农业新型设施的现代气息,加上园林化的整体设计,形成融科学性、艺术性、文化性为一体的人地合一的休闲观光旅游景点。

二、农业科技园区的特征

1. 农业生产力发展新的制高点

农业科技园是适应新阶段农业发展需求,以现代农业科技成果的组装、集成与示范、推广为手段,通过土地、资本、技术、人才的高度集中与高效管理,促进传统农业向现代农业转变,大幅度提高农业整体效益、可持续发展能力、农业和农产品国际竞争力的新型组织形式。它是我国由传统农业向现代农业转变的新的经济与科技相结合的组织方式。

2. 农业现代化建设新的生长点

现代农业就是利用高新技术和实用技术,把传统农业的"靠天、靠地、靠人、靠广种薄收"转变为"靠科技、靠人才、靠投入、靠管理"。农业科技园可利用工程技术手段和工厂化方式为动植物高效生产提供可控的适宜的生长环境,通过现代技术的高度集成的投入,在有限的土地上充分利用气候和生物潜能得到更高的产量、良好的品质、较高的收益,并对生态环境减少不良影响,是农业摆脱自然的束缚,由传统农业向现代农业转变进

程中的一个新的生长点，代表农业经济领域发展新方向，具有科学性、创新性、鲜明性和可操作性，并推动农业由初级形式向高级形式演化。

3. 农业科技与农村经济结合的切入点

农业的持续发展和现代化建设，关键是科技。由于现有科技体制和农民分散经营两方面的制约，农业科技与农村经济的结合以及科技成果转化为现实生产力，存在很多困难和障碍。农业科技园是农业和科技结合的产物，为科学技术进入农业生产过程提供了有效的切入点。

农业科技园的科技内涵主要体现在现代农业设施的"硬件"部分和现代农业技术管理的"软件"部分两个方面。前者需要提供新型的设施材料和新颖的设施结构，后者需要提供适应设施条件下果蔬花卉、畜禽鱼等优质新品种、新的栽培饲养技术，并要对设施条件下的光、温、水、土、环境等要素进行调控，使之向自控化、智能化和流水线生产的方向发展。所以，农业科技园为农业高新技术的应用和集成提供了崭新的空间。

三、农业科技园区建设内容

1. 构建三区联动的园区发展体系

核心区在园区体系中属于农业新技术开发、引进、转化及产业化示范基地与技术辐射源，一般作为园区投入和建设的主体，应形成有市场竞争力的主导产业及企业或企业集团。示范区属于作为核心区的产业化带动基地，按照园区主导产业发展要求进行专业化、规模化生产，该区域一般在范围上要求达到县域或地方产业带水平。辐射区为园区核心区主导产业涉及和影响到的广大农业生产与农村经济区域，或在地理环境、资源特点、生产与经济特征相近的同类型农业区域。

2. 构建一体化农业科技创新体系

园区要具有良好的农业技术开发和技术引进转化的条件与环境，并具有健全的技术推广辐射体系及人才与技术培训体系。在科研与技术开发上，要具备稳定的技术队伍和技术依托单位，确保技术来源及其先进性；在农业技术推广体系上，要探索新机制和形成新模式，使核心区、示范区、辐射区之间技术传播渠道畅通，尤其要大力调动农民、企业等社会力量参与农业技术开发与技术推广工作，切实解决基层推广人员素质不高和农业生产一线科技力量薄弱的问题，使园区逐步形成区域性的农业科技创新基地。

3. 构建园区高优的现代农业生产体系

园区从发挥区域农产品优势和特色出发，形成以优质、高效产品为主的农产品结构，建立农畜产品规模化、安全化、标准化生产及管理体系，为结构调整和提高国际市场竞争力提供示范样板。尤其要重视依托农产品保鲜、深加工及相关配套技术，大力开发具有民族传统、文化特色、地域优势、高科技含量、高附加值的深加工产品，延长农业产业链，实现农产品的增值增效。

4. 构建园区农业产业化经营管理体系

农业产业化是以名牌产品或支柱产业为主导，以生产基地为依托，以骨干企业为龙头，以市场需求为导向，对农业生产进行产前、产中、产后的有机组织和衔接，实行专业化生产、规模化经营，形成"贸工农一体化、产加销一条龙"的农村经济的经营方式和产业组织形式。农业科技园区要按照农业产业化经营的客观要求配置要素，探索和发展产业化经营的体系与模式，实现生产从源头到市场的一体化设计，延长农村经济链，提高农业综合效益。尤其要在名牌产品、骨干企业、市场体系、信息网络等要素建设方面有新的发展和突破，使本区域的农业现代化和产业化水平有大幅度提高，使农民收入明显增加。

四、农业科技园区的组织体系和结构

农业科技园区的组织体系主要有两种类型：一是政府行政管理组织体系（政府行为），适合于农业高新技术园区；二是市场化公司制管理组织体系（市场行为），适合于农业科技园区。农业科技园区组织体系采用政府引导和扶持，以公司企业为主体，社会广泛参与，完善农业科技创新服务体系，促进农业产业化经营。园区组织体系强调运行机制的创新，其核心是处理和协调好园区建设中政府、知识载体、企业、农民各个方面的功能和作用。

构成农业科技园区的要素有两类：一是主体要素，包括政府（管委会）、知识载体（农业大学和科研机构）、企业（农业科技企业和农业产业化龙头企业）、农民；二是支撑要素，包括金融投资机构、农业科技企业孵化器、社会服务机构、软硬环境体系。

（一）政府在园区中的角色定位和功能

农业科技园区建设作为促进我国农业和农业科技发展的一项事业，同时也是政府的一项重要任务。政府必须承担起园区建设和发展的责任，以政府的行为方式转变为先行，促进形成政府作用与知识载体和企业力量的协同。园区政府不仅是园区规划发展的领导者，也是园区内部创新价值的"发现者"；园区政府不仅是园区发展政策的设计者，也是园区实际创新过程和创新组织的"参与者"；园区政府不仅是园区社会系统的监管者，也是满足园区创新组织和创新需求的服务者。

政府的主要功能是按照现代农业与市场经济发展要求，根据园区建设目标和任务，进行宏观指导、组织协调和规范管理，并提供政策、技术等多方面的支持和服务，为园区建设和发展创造一个良好的环境。具体包括以下五个方面。

1. 宏观导向和统筹规划

农业科技园区作为当地重要的科技创新基地和科技先导型现代农业示范基地，政府必须加强对农业科技园区建设的宏观指导和布局规划。如在园区主导产业选择、技术支撑体系构建及建设目标、建设规模、建设档次的确定、基础设施建设、科研投入等方面，要确保符合国家及当地农业与区域经济发展的要求。

2. 组织协调和规范管理

农业科技园区建设是一项集社会、经济、技术、生产、试验、培训于一体的综合系统工程，需要各方面的积极参与和支持。因此，各个部门、各方利益的协调工作显得尤为重要，政府必须加强对园区建设的组织协调和规范管理。如园区在建设和运行过程中的土地流转、科技支撑、利益分配、竞争激励等问题，都需要政府出面进行协调和宏观管理加以解决。

3. 政策扶持和公益服务

政府对园区建设与发展要营造适宜的政策环境，为园区建设提供信息、科技、资金、政策、法规、组织等方面的服务保障。如将园区建设纳入国家或地方科技发展计划，优先支持园区参与农业技术的引进、消化、吸收和创新等项目或工程，享受国家与地方高新技术企业的优惠政策，在投融资方面给予重点支持和优惠等。此外，政府应对园区人才引进与培养、技术培训、信息网络建设等园区基础能力建设方面给予直接财政支持。

4. 实施监督和运行监管

一方面，要保证园区建设方向的正确性，保障农民利益不受损害，确保通过园区建设带动区域农业发展水平和农民收入水平得到提高。另一方面，要在园区建设的重点环节进行把关，确保园区建设规范、有序，符合国家及地方的相关政策、法规要求，如土地开发利用的合理性、优惠政策落实与利用的正确性、运行管理机制及其创新的合理性和科学性等。

5. 政府对园区的需求

发展高科技以增强国家实力；创建区域经济的增长极；促进就业、增加税收、保持社会稳定。

（二）知识载体在园区中的功能和作用

1. 高科技成果的发源地和生产点

大学由于具有雄厚的科研实力和手段，能不断地研制出高科技成果，并对原有的高科技成果进行完善和修改，使高科技园区成为有源之水。

2. 高科技产业的辐射中心

大学可以通过各种形式和途径，把自己的高科技成果扩散到园区内的高科技企业中去，积极参与将其转化为高科技产品，并利用高科技较强的渗透功能和波及功能，将高科技成果迅速辐射到周围地区。

3. 高科技企业的孵化作用

大学可把自己的研究成果、高科技人才同学校内部或社会上的资金、生产能力等结合起来，孵化出高科技企业，这在高科技园区的初创和成长阶段是至关重要的，如硅谷最初即是以此方式建立并发展起来的。

4. 高科技人才和知识的输送作用

大学不仅可以每年培养出大批高科技专业的大学生和研究生，这些毕业生通过各种渠道进入高科技园区，成为从事高科技开发的生力军，而且校内大量高级专门人才又可随时帮助园区的高科技企业解决生产、开发和经营中的疑难问题。在一定的政策条件下，大量的高级专门人才又可以直接进入或创办高科技企业。

5. 高科技信息的集散中心

由于大学自身的功能和长期形成的习惯，对国内外高科技研究与开发的信息非常敏感，因此自然就成为高科技信息的集散中心。

（三）企业是园区主体和经营管理者

园区企业包括农业科技企业、农业上市公司、农业产业化龙头企业和中小农业企业。农业科技企业是园区的主体，是建立在农业科技及其产业基础上的企业组织载体。它以知识阶层为主体，以知识和信息为主要资源，以农业科技和服务体系为支撑，以农业科技创新为动力，从事农业科技及产品研发、转化、示范、推广、生产和销售的技术密集型经济实体组织。创新性、示范性、带动性是农业科技企业的主要特征。农业科技企业进驻园区的途径有两种：一是创业孵化，二是招商引资。

农业科技企业作为园区投资和生产运营的主体，对园区经营管理有相应的自主权。但企业的生产经营要接受政府宏观监督，符合园区建设的总体规划目标要求，起到农业产业升级和带动农民致富的作用。农业科技企业在园区中所起的作用主要是组织生产和经营管理，进行农业技术成果的开发、引进、转化、示范、推广，进行产业化开发，并获取相应利润。园区企业可通过土地"反租到包"或直接承包，吸纳园区农户参加园区建设与生产，并通过"订单农业""公司+农户"等方式与农户直接相连。

农业科技企业对园区的需求主要表现在：

(1) 产业集聚，降低交易费用。

(2) 共同利用资金、技术市场。

(3) 快速整合各种经济社会资源。

(4) 增强自主知识产权创新能力。

(5) 享受政府优惠政策，获得政府法律保护。

(6) 共享园区环境，开展创业孵化。

(7) 开拓、抢占国内外市场。

(8) 共享园区基础设施，降低运营社会成本。

（四）农民是园区的参与者和生产者

农民作为社会阶层，在我国占有绝对比例，农民是农村的主人，也是农业生产者。农户是农村家庭的载体，农户经营形式在我国仍处于主导地位。农户、农民及其行为直接关系农村经济的发展。农业科技园区作为一种新的农村组织模式，可以有效地将分散的农民组织起来，共同发展现代农业，参与园区的建设和运行。

在园区建设和运行中，农户一方面可以通过与企业合作，以土地、劳动力、资金等入股的形式参与园区建设；另一方面，可以在政府有关部门协调和园区内企业的指导下，通过与企业签订产品购销合同方式，进行各种优质农产品的生产，其产品由企业负责收购。因此，在园区建设和运行中，农民既可以作为园区企业的股东，也可以是园区企业的工人。

（五）园区的社会化服务体系和软硬环境体系

园区社会化服务体系，主要包括金融投资机构、企业孵化器、社会服务机构。金融投资机构是园区的"发动机"，高投入的农业科技园区发展需要强劲的金融支持，需要各类银行、风险投资、担保公司的通力合作。农业科技企业孵化器是为企业提供综合服务的实体，它是农业科技成果转化、农业企业家培育和农业科技企业孵化的摇篮。社会服务机构主要包括信息咨询服务中心、生产力促进服务中心、农业技术交易中心、科技交流中心、技术人才市场、律师事务所、气象站、税务、海关、商检等。

园区软硬环境体系。软环境主要指技术环境、经济环境、文化环境、教育环境、法律环境、政治环境和政策环境；硬环境主要指园区生态环境、基础设施、生产条件和城市功能。

五、农业科技园区的运作机制

农业科技园区是一种以高新技术为主导，以观赏、休闲、生态农业相配套的高新农业科技园区。一般从项目开发起步，通过招商引进项目，或直接投资兴办项目。农业科技园区的建设，实行谁建设、谁投资、谁管理、谁受益，推行企业化的经营管理模式。其运作机制主要包括投资建设机制、土地流转机制、技术引进和创新转化机制、辐射带动机制、政策保障机制等。

（一）园区投资建设机制

园区投资建设机制的内容主要包括投资主体、投资方式、投资项目、投资概算、筹资渠道等。近几年来，通过"政府重点投资引导、企业社会多方筹资"的方式，集聚和催生了一批极具活力的高新农业科技型企业。在投资机制上，正逐渐弱化政府在园区建设中的投资主体地位，不断强化各类公司在园区投资和建设中的主体地位，逐步形成"由政府扶持为主转向以市场导向为主"的最佳园区投资建设机制。

1. 投资建设机制的内容

（1）投资主体

目前，我国园区的投资主体主要有政府、企业、集体、个人、外商等。其中政府投资的60%~70%主要由各级政府财政及科委、农委、农业综合开发办等有关职能部门直接投资。

（2）投资方式

园区中政府的财政投资主要是财政拨款、农业科技项目经费、农业开发专项资金等；公司主要用企业自身积累及其银行贷款注入资金；集体经济组织多以土地使用权和农田水利设施、道路及部分资金投入；农业科研院所多以农业科研成果和成熟的技术入股或少部分的科研项目经费注入；个人主要以土地使用权和部分资金入股等。

（3）投资项目

投资项目是园区建设的核心，直接关系到园区未来的发展。园区投资项目的确立，应主要考虑项目的地域性、特色性、先进性、高效性、规模性、产业的连带性，以及其示范辐射效应等。

（4）投资概算

投资概算包括估算投资总量和拟定资金的使用项目。园区的资金主要用于基础设施（水电、道路、暖气、绿化、围栅）、生产设施办公培训设施、新品种、新技术引进，以及生产成本费、研究开发费、技术培训费、考察论证费、示范推广费、行政管理费等。

（5）筹资渠道

筹资渠道主要有国家和省级财政拨款、市县财政匹配、园区自筹及贷款、企业、个人投资等。其中，国家和省、市、县财政拨款属于政策性引导资金，主要用于基础设施建设，新品种、新技术引进，科研开发和技术指导等方面；园区自筹资金、银行贷款及公司企业和个人的投资，主要用于生产、办公、培训和支付生产、管理等方面的费用。

2. 投资建设机制的时间特征

就园区建设的实际看，我国正在完成由"政府引导扶持"到"自我滚动发展、市场利益导向"的园区投资机制的转变。

（1）初创阶段

在园区建设初期，由国家和省市政府有关部门组织的重点项目，一般对承担单位要进行公开招标、投标和竞标，组织专家评审；然后对确定的投资项目，政府资金重点支持，地方财政按比例匹配资金，剩余资金由政府有关职能部门自筹。此外，政府还在土地征用、投资担保等方面予以帮助扶持，本着"先予后取、涵养税源"的原则，依据有关法规在农业税交纳、水资源费征收等方面给予一定的减免优惠。

（2）发展阶段

在园区基本具备自我积累和自我发展能力后，便开始进入了追逐利润的多元投资的发展阶段。这时，在园区项目良好效益的示范和广阔发展前景的诱惑下，更多的企业、专业合作组织、个体种养大户、乡村集体经济组织，以及科研院所、外商等社会资金，则纷纷投资创办园区；或通过资金、土地、技术、信息等生产要素入股，打破所有制和部门、行业及地域的界限，在互惠互利的基础上采取股份制、股份合作制等形式联合共建，实行具有法人资格的公司企业化运营。个别条件成熟的农业科技园区，积极准备，争取股票上市，以广泛吸纳社会资金。

（二）园区土地流转机制

目前，我国农村实行的是家庭承包责任制下的土地分散化经营，这与科技园区的土地规模化经营存在一定的矛盾。园区建设要正视这一矛盾，坚持土地集体所有，稳定家庭联产承包责任制，且在不改变土地农业用途的前提下，本着"明确所有权、稳定承包权、搞活使用权、强化经营权"的思路，因地制宜，建立有效的土地流转机制。

1. "返租倒包"

"返租倒包"是指村委会统一向园区规划内的农户支付一定数量的租金（现金或实物），将其承包的土地租回来，再转租给园区的农业公司等进行经营；园区的公司获得了土地使用权，然后在园区内统一兴建基础设施和温棚、加工车间等生产设施；再把这些生产设施租给农户（或其他单位）承包经营。公司一方面向农户收取承包费，另一方面又提供技术、信息服务，对农户的农畜产品进行统一回收、加工、储运、销售等。这样，进入园区的农户既没有失去土地，而且还有一定的租金收入和承包经营的净收入。

2. 租赁制

一方面，公司根据企业发展规划，长期（一般为 30 年）租用园区内的土地，进行项目建设和自主经营；另一方面，或通过乡政府、村委员会直接租用农户的土地，进行自主经营或出租经营。公司围绕园区规划所确定的主导产业，通过定向投入、定向服务、定向收购的方式，引导周围农民发展相关产业，推动当地农业产业化进程。

3. 股份制

农民以土地作价入股，参与园区经营利润的分红。

（三）技术引进与转化机制

园区为了确保自身的科技创新能力及其产品的科技含量，一般与科研机构、高等院校进行技术协作。其技术引进与转化机制有以下五种形式。

1. 技术依托

园区在立项和实施规划方案时，根据建设内容，与有关科研院所进行协商，选定一至几个技术依托单位，并与其签订合同，规定双方的责任、权利和义务。按照合同规定，技术依托单位负责向园区提供科研成果，引进项目相关的新品种、新技术，并提供相应的指导和培训等。园区则定期按合同规定向技术依托单位及其有关人员支付相应的费用和报酬。

2. 技术商业化

园区根据自身发展的实际需要、市场供求情况和所掌握的信息等，通过商业化行为，从农业科研院所高薪聘请专家，专门从事高新技术的研究、开发和应用。

3. 技术入股

这是我国目前科技体制改革、产学研结合的一个重要方式。即国内的科研院所或国外著名的农公司，将其成熟、稳定的新品种、高新技术，按照我国《公司法》的有关规定折算入股进园区；园区则负责组织生产经营，并保守有关技术秘密，合作双方按股份进行利润分成。

4. 技术共享

园区和科研院所就某一高新技术或产品进行合作，科研院所负责研制、开发；园区负责试验、应用和推广。双方通过合同实行利益共享、风险共担。

5. 技术委托

技术委托是指园区根据自身需要，委托某科研院所进行某一新产品研制，而事先提供一定数量的科研经费；科研单位则按照合同规定提供相应的研究成果，且最终成果为双方共有，按比例分成。

目前，园区利用上述机制，瞄准当地现代农业生产中的关键技术，以科研院所为依托，依借其优越的硬件环境条件，组织力量研究攻关，并迅速在生产中应用转化，取得了显著的经济效益，加快了园区的发展。

（四）辐射带动机制

农业科技园区作为一种特殊的农业企业，农业科技的示范、推广、交流，对周边农民具有很强的辐射带动力。

1. 生产示范带动

园区周围农民通过在园区的生产实践，目睹了现代农业的内容和科学技术的巨大作用，开阔了眼界，增强了科技意识，提高了"科学种田"的积极性，他们参观访问、收集信息，从中选择那些先进、适用、高效的技术和品种进行种养业的开发，达到快速致富的目的。

2. 提供设施带动

提供设施带动是指一部分经济实力雄厚的公司，在园区统一规划、统一建设基础设施、生产设施和配套设施，农户可以租赁、购买如温棚等设施，自己生产经营；也可以与公司合股经营。由于租赁设施和合股经营，能较好地解决农户资金不足的困难和承担风险的后顾之忧，对农民有很大的吸引力。

3. 回收产品带动

回收产品带动是指园区利用自己庞大的销售网络和雄厚的资金，采用合同方式，要求农户按照规定的品种和相应的技术规程进行种养。然后，按照一定的质量标准向农户回收产品，统一储运、加工或销售，从而带动农民致富。

4. 储运加工带动

储运加工是农畜产品增值的重要环节，也是目前我国农业产业化链条中最薄弱的环节。反过来说，它又是发展潜力最大，能带动千家万户农民发家致富的途径。很多农业科技园区看准这个方向，抓住龙头企业，投入巨资建设了一批年吞吐和加工能力达到相当规模的冷库、运输车队和能加工多个品种的产品生产线，这在一定程度上增加了农畜产品的销量，缓解了农产品难卖的问题，稳定和提高了农畜产品价格，增加了农民的收入。

5. 技术服务带动

技术服务常常与其他带动方式配合使用，尤其是那些生产管理技术含量很高，生产周期较长，生产经营的自然风险大，易受病虫害侵袭，而遭受严重损失的种养项目，园区可选派自己的或高薪聘请的技术人员为种养农户免费或低价进行技术服务和指导。或常年定期聘请专家为农民进行技术培训，开办技术讲座、现场技术服务和指导，以提高周围农民种养项目的科技含量。

（五）政策保障机制

科技部制定的《农业科技园区发展规划》明确地提出了一些相关支持政策。

（1）增加中央及地方各级政府对农业科技园区的支持力度。将农业科技园区建设列入国家农业科技基础性计划与地方科技发展计划，并作为农业基本建设的主要内容。

（2）农业科技园区内的高新技术企业，经国家与地方科技主管部门批准后，可享受国家与地方高新技术企业的相关优惠政策。

（3）农业科技园区在平等竞争、条件相同的前提下，可优先承担国家与地方重大科技发展计划项目，优先享受国家有关农业科技基金的支持。

（4）优先支持农业科技园区参与国内外高新农业技术的引进、消化、吸收和创新，利用各种国际合作机会吸引国外建设资金，引进先进、适用的农业科研和生产设施、农业高新技术成果、经营管理方法和经验。农业技术引进计划要将园区的技术需求与引进作为重要内容之一。

（5）各级政府可制定符合地方实际的相关优惠政策，如土地使用、税收、进出口权、进口关税减免、投融资机制和人才的引进与培养等，营造有利于农业科技园区建设与发展的良好环境，以大力鼓励园区积极引进和培养急需的各类专业技术人才，特别是懂管理、善经营的复合型人才；通过建立科技人才兼职制度，吸引国内外农业科研、教学与推广单位的优秀人才，投身参与园区建设；通过加强智力和信息交流，提高农业科技园区的整体科技水平。

六、农业科技园区现行管理模式

从总体上讲，我国农业科技园区实行园区统一管理，公司（企业）独立经营。其具体模式主要有：政府企业共建，政企分开运营；政府兴建园区，公司经营管理；公司兴建设施，农户承包经营；公司兴建园区，自主经营管理；设施民建官助，租赁经营等模式。

1. 政府企业共建——政企分开运营

地方政府按照精简、高效、服务的原则，建立园区管委会，作为园区的宏观管理运行机构，其主要职责是：

（1）贯彻落实各级政府的有关政策和法规。

（2）组织农业科技园区规划。

（3）投资兴建园区的基础设施。

（4）负责招商引资信息服务。

（5）协助公司建立企业管理制度。

园区内的各个公司，按照园区发展规划，筹资生产，实行自主经营，自负盈亏。园区管委会和企业是政企分开。具体的园区管理模式有：政府投资、公司承建、技术人员或农户承包经营；公司筹建、统一经营、责任制管理；集团公司筹建、二级法人经营；公司筹建、统一经营、农户承包管理，等等。

2. 政府兴建园区——公司制经营

在这种管理模式下，当地政府（有关职能部门）负责园区的规划，筹资投资、兴建园区的基础设施和生产设施，然后进行（政府）职能剥离，按照出资份额成立有限责任公司或股份有限公司；公司实行自主经营、自负盈亏，并确保园区国家资产的保值增值，政府有关部门则以代理股东或董事的身份参与公司管理。实际上，这是政府投资兴建园区，实行企业化管理，政府并不直接从事园区的生产经营活动。

3. 公司兴建设施——农户承包经营

在这种管理模式下，公司反租农民土地自行规划，筹资投资，兴建园区的基础设施和生产设施，然后由农户承包园区的生产设施，自主经营、自负盈亏（被租地的农户有优先承包权）；公司收取承包费，并负责提供技术指导、销售信息等项服务，而自身不直接从事具体的生产经营活动。公司与农户的关系是纯粹的承包关系。

4. 公司兴建园区——自主经营管理

农业公司以长期租用农户土地的方式取得土地使用权，然后，自行规划设计，筹资投资，兴建园区，自主经营，自负盈亏，即整个园区由一个公司管理运作。其具体运作方式，如"公司筹建、统一经营、责任制管理"模式，"集团公司筹建、二级法人经营"模式等。

5. 设施民建官助——租赁经营

在这种管理模式下，园区管委会统一规划设计，出租土地，园区以贷款担保的形式进行扶持，经营者出资经营。例如，出资者为农技人员，或农户，或企业，分别出资三分之一、二分之一、三分之二，园区分别扶持三分之二、二分之一、三分之一专项建设的担保贷款或抵押贷款，共同投资兴建温棚等生产设施；三年内还清贷款后，该生产设施归出资者所有。经营者（即出资者）利用温棚等生产设施，自主经营，独立核算，其经营收入在上缴园区土地租赁费、水电费及各项服务费后，剩余部分全归自己所有。园区只负责提供良种、技术培训和技术指导等服务。

第三章
农村经济组织的生产管理

第一节　种植业生产过程组织与管理

一、种植业的独特性

1. 种植业的生产对象是有生命的植物

植物的生长发育对自然环境有较强的依赖性，因此，从事种植业生产为农作物创造适宜的生长发育条件很重要。目前还不能完全摆脱自然灾害的侵袭，农作物生产经营仍具有较大的风险，经营农业必须考虑到这一点。

2. 土地是种植业生产的基础

土地是种植业生产中不可替代的重要生产资料。在其他部门的生产中，土地只起到劳动场所的作用，而在种植业生产中土地不但是劳动场所，而且是农作物生长的基地，土壤肥力的高低在很大程度上决定着作物的产量水平。因此，种植业生产首先应考虑的重要因素是土地资源的数量和质量，充分合理利用土地资源，以此保证作物的高产稳产，进而才能保证投资于种植业的经济效益。

3. 种植业生产具有较强的季节性

由于种植业作物的生产时间和劳动时间不一致，种植业生产忙闲不均。这一特点要求将不同季节的作物搭配种植，积极发展多种经营，以克服因季节性而造成的劳动用工的不均衡性，充分合理地利用劳动力。

4. 种植业生产布局有明显的地域性

由于自然环境条件各地区分布的差异性和每种农作物对自然环境要求的特定性，客观地产生了农业生产布局上的地域性。南方亚热带地区适合种植甘蔗、橡胶、热带水果等；

长江以南雨量丰富，日照时间长，适合种水稻、柑橘等；华北高原雨季较短，有水源的地方可种水稻，一般旱地适合种小麦、油料、玉米等旱地作物；内蒙古地区、青藏高原以种草养畜为主；西北干旱，光热资源丰富，适合各种不同的喜光、耐旱作物的生产，等等。

5. 种植业具有较强的周期性

种植业生产周期较长，一般短则半年，长则 1~2 年，有的甚至更长。生产周期长必然引起资金周转慢、收益见效不快，这一点也是经营农业应考虑到的。

二、种植业生产计划的编制

种植业企业生产经营计划的主要组成部分，包括耕地利用计划、农作物生产计划、技术措施计划、机械作业计划、阶段作业计划。

1. 耕地利用计划

耕地利用计划，反映计划年度耕地的增减变动及其利用状况。主要内容包括：①年初实有耕地面积；②年内增加耕地面积；③年内减少耕地面积；④年末达到耕地面积；⑤本年度计划耕地面积；⑥年内未利用耕地面积。

其中：

（1）年末计划达到耕地面积=年初实有耕地面积+年内增加耕地面积−年内减少耕地面积

（2）本年度计划耕地面积=年内增加耕地面积−年内减少耕地面积

2. 农作物生产计划

农作物生产计划反映计划年度各种农作物的播种面积、亩产量、总产量计划数。

3. 技术措施计划

技术措施计划是实现种植计划的保证。其主要内容包括种子需要量及种子处理计划、耕作播种计划、积肥施肥计划、排灌计划、病虫害防治计划、田间管理计划和收获计划等。

在制订技术措施计划时，不仅要看到农作物产量和技术措施之间是"目的"和"手段"的关系，还应该重视和研究产量与技术措施之间的数量关系，如增施一斤氮肥能增产多少斤粮食，多浇或少浇一次水对产量有多大影响问题等。

4. 机械作业计划

农业机械化生产是农业生产的一个辅助生产部门，为种植业生产提供机械作业服务。必须严格按照种植业生产的农时、技术、质量要求，完成每项作业。

5. 阶段作业计划

阶段作业计划是年度种植计划的具体落实，又是组织生产过程的具体依据。阶段作业计划是按农事季节编制的。一般分为春耕春播计划、夏收夏种计划、秋收秋种计划、冬季农业基本建设计划和冬季作物管理计划等。阶段作业计划既可以用网络分析技术编制，也可以用一般的横道图编制。

三、种植业生产过程组织原则与管理

（一）了解种植业生产过程组织与管理过程的必要性

种植业生产季节性强，周期较长，一般要经过整地、播种、田间管理和收获等作业过程。在各个阶段中，作业的内容不相同，所需要的劳动力和生产资料也不同，并且要求在规定时间内完成。为了提高劳动生产率和劳动效率并取得高产，就要合理组织农作物的生产过程。合理组织生产过程，就是要按照农业的技术要求，在严格的农时期限内，保质、保量地完成各项作业，并力争做到高产优质低耗，以取得较好的技术经济效果。

（二）种植业生产过程中组织的原则

1. 准时生产

即不误农时和不违农时。不误农时就是农作物什么时候进行什么样的作业，该种不种或该收不收，延误农时，就会降低产量；不违农时就是不要错过作业的最有利的时机，即做到适时调整、适时管理和适时收获。

2. 比例生产

由于各种农作物的生产周期不一致，有的是夏收作物，有的是秋收作物，同一作物有的早熟有的晚熟，因此，组织生产时要把不同作物按比例配合，这样有利于缓和生产的季节性矛盾。

3. 农艺操作标准化

对每项农活都要制定作业操作标准，按作业标准进行操作。这有利于保证作业质量，提高工效，增加产量。

4. 安全生产

随着农业现代化的发展，由于采用大量的化学农药和农业机械，经常会出现农药中毒和机电伤亡事故，因此，组织农业生产时一定要强调安全生产第一，杜绝伤亡事故的发生。

（三）种植业生产过程的管理

对种植业生产还需要加强对生产过程各阶段的组织管理工作，以便提高经济效益。每种农作物的生产过程基本上都离不开耕地、播种、田间管理和收获等几个主要生产阶段。

不同的生产阶段，需要管理的内容也不尽相同。

1. 耕地工作的组织

耕地是种植业的一项基础工作。合理组织耕地工作的要求：

①严格按照农事季节适时进行耕地和平整土地工作。

②严格按照土地耕作与平整的技术要求，保证耕作质量。

③浅耕还是免耕，因地（地块的坡度和水土流失情况）制宜。

④深耕还是浅耕，因作物制宜。

⑤尽可能地覆盖地边地角和消除漏耕等。

2. 播种工作的组织

播种是一项时间性很强的工作。播种工作要遵守以下技术要求：

①按农事季节及时播种。

②按规定的播种定量和播种密度播种。

③按规定的播种深度播种。

④按规定的株行距播种，播行要直，行距要匀，不漏播和重播。

⑤移栽作物要按规定的移植期移栽，要求苗全苗壮。

3. 田间管理工作的组织

田间管理工作包括间苗、定苗、整枝打杈、中耕、除草、施肥、灌水、喷药等。各项作业的技术操作要求不同，必须严格按照各项农艺的操作规程和规定操作。其基本要求是：及时作业、保证质量和正确运用农业技术有计划地促进或控制作物生长。

4. 收获工作的组织

收获工作时间紧，作业量大，一定要加强人力、畜力和机器设备的组织管理，尽可能地利用机器代替人力、畜力作业。这十分有利于在短期内高效率地完成收获任务。

第二节　养殖业生产过程组织与管理

一、养殖业生产的含义

（一）养殖业生产

指家畜、家禽饲养和渔业生产，主要提供肉、蛋、奶及水产品，为轻工业提供毛、皮等原料。

（二）养殖业的类型

养殖业包括以下四大类型。

1. 以牲畜为生产对象

包括养牛、马、猪、羊、兔等。主要产品为肉、皮、毛、乳等。

2. 以禽类动物为生产对象

包括养鸡、鸭、鹅、火鸡、鹌鹑等。主要产品是肉、蛋、毛等。

3. 以水中动物为生产对象

包括养鱼、虾、贝类、蟹、水生藻类、贝养珍珠等。主要产品是水生动物的肉、寄生物和植物叶等。

4. 以虫类动物为生产对象

包括养蜂、蚕、蚯蚓、蝎等。主要产品是虫类的蜜、丝、皮、全身等，还有重要的制药原料等。

（三）养殖业生产的特点

1. 生产对象是有生命的动物

养殖业的自然再生产和经济再生产交织在一起的基本特点，要求企业不但要按自然规律组织生产活动，同时还要按经济规律进行生产管理，以取得良好的经济效益和生态效益。

2. 转化性

养殖业将植物能转化为动物能。饲料在生产成本中占有很大比重，养殖业生产管理的主要任务之一是提高饲料（或饵料）转化率。

3. 周期长

养殖业生产周期一般较长，在整个生产周期中要投入大量的劳动力和资本，只有在生产周期结束时才能获得收入，实现资本回收。从生产时间上分析，比如奶牛泌乳有高产期、低产期和干乳期；蛋鸡有产卵期和歇卵期等。因此要求选用优良品种，采用科学饲养管理，可延长生产时间，缩短生产周期，提高畜禽的产品率等。

4. 双重性

双重性是指作为繁殖用的母畜、种畜、奶畜是劳动手段和生产资料，而作为肉畜、肉禽则又是劳动产品和消费资料。养殖业生产既要满足社会对生活消费品的需要，又要保证企业自身再生产的需要，因此具有双重性的特点。

5. 可移动性

可移动性是指畜禽可以进行密集饲养、异地育肥。利用这个特点，可以克服环境等因素的不利影响，创造适合养殖业生产的良好外部环境，以保证养殖业生产过程的顺利进行。

（四）养殖业的生产任务

（1）确定生产机构。养殖业应根据国家经济发展战略目标、市场需求状况和企业自身的资源条件，坚持"以一业（一品）为主，多种经营"的经营方针，因地制宜地确定畜禽生产结构。有丰富的饲草资源地区，可以发展牛、羊等食草畜；在广大农区，以养猪、鸡等家禽为主，有条件的可兼养牛、羊等，以充分利用农业精饲料和秸秆粗饲料等多种资源降低生产成本。

（2）建立饲料基地。饲料是养殖业发展的物质基础。发展养殖业，提高畜禽产品和水产品的产量和质量，其基本条件是建立相对稳定的饲料基地，保证畜禽正常的生长发育，解决"吃饱"的问题。同时，要发展饲料加工业，生产各种配合饲料和添加剂，提高饲料质量，满足各种畜禽、鱼虾等各个生长期的多种营养需求，解决"吃好"的问题。

（3）提供优质产品。动物品种的优劣，关系到植物饲料的转化率和产品的生产率。因此，养殖业生产的重要任务之一就是要不断引进和培育优良品种，实施标准化生产，提高畜禽产品和水产品的内在品质，为社会提供更多的优质产品。

二、畜牧业生产计划编制

（一）家畜生产计划

家畜生产计划包括畜群交配分娩计划、畜群周转计划、畜产品产量计划和饲料供应计划等。

1. 畜群交配分娩计划

畜群交配分娩计划表明的是在计划年度内牲畜交配、分娩的头数，是组织畜群生产的依据之一。

畜群生产可采用季节性交配分娩和陆续性交配分娩，这两种类型各有利弊。

季节性交配分娩可选择最适宜的季节，尽量避免严寒酷暑，保证较高的受胎率和成活率。但存在人力、设备利用不充分的问题。

陆续性交配分娩，是成年乳畜均衡地在各个月分娩，时间分布较均匀，可全年均衡提供产品。但严寒酷暑对乳畜产仔的影响很难避开，同时也存在人力和设备投入与规模相适应的问题。

2. 畜群周转计划

畜群在一定时期内，由于出生、成长、购入、销出、淘汰、死亡等，经常发生数量上的增减变动。

3. 畜产品产量计划

畜产品产量计划可根据生产计划任务的不同，制订家畜产肉计划、产奶计划等。

4. 饲料供应计划

饲料供应计划，是按一定时间和饲养头数来制订的。

饲料需要量，一般可分为按年计算和按月计算两种。

按年计算饲料需要量，根据家畜在全年平均头数的年需要量计算。

按月计算饲料需要量时，可根据畜群周转计划中各畜月平均头数乘以各月饲料定额计算。

（二）家禽生产计划

以专业化养鸡场为例，其生产计划一般包括雏鸡孵化计划、鸡群周转计划、产品生产计划和作业生产记录与收支月报记录。

1. 雏鸡孵化计划

制订孵化计划的目的在于保证后备蛋鸡、育肥肉用鸡和出售鸡雏的需要。

孵化计划应根据设备的生产能力及种蛋生产产量和市场对雏鸡需求的预测来制订。主要内容包括孵化时期、种蛋来源和孵出鸡雏数等。

2. 鸡群周转计划

在自繁自养、综合经营的养鸡场，鸡群由种公鸡、种母鸡、产蛋母鸡、后备鸡、肉用鸡、幼雏鸡、成年淘汰鸡等构成。由于鸡生长迅速，鸡群周转计划一般按月编制。

3. 产品生产计划

生产计划是鸡场全年生产任务的具体安排。其内容包括饲养鸡的品种、数量和各项指标，以及所需劳动力、饲料品种与数量、年内预期经济指标及种蛋、种雏、商品鸡、商品蛋的预期数量等。

如养鸡场的产蛋计划，可根据各月平均饲养的产蛋母鸡数及其产蛋率，计算出各月的产蛋数量。饲养多个品种的养鸡场按不同品种分别制订各月的产蛋计划，然后汇总为全部的产蛋计划。

4. 作业生产记录与收支月报记录

养鸡场年度计划的完成，在于严密地组织生产过程和各项作业，为此必须做好作业生产记录和收支月报记录。养鸡场在年度生产任务中，对每一品种的鸡都预定出产蛋率、饲养日增量、肉鸡育成活率和饲养消费等的生产指标，并用作业记录同上述所定指标进行比较，发现问题，分析原因，做出决策。如决定鸡群的选留、淘汰和更换、扩大、缩小，还是保持现有生产规模，或改善相关技术，或改变操作方式等。养鸡场作业生产记录主要有：育雏记录、肉鸡记录、蛋鸡记录、饲料消耗记录等。

三、渔业生产特点与计划

（一）渔业介绍

渔业是指捕捞、养殖鱼类等水产动物及海藻类等水生植物以取得水产品的社会生产部门。按水域可分为海洋渔业和淡水渔业；按生产特性分为养殖业和捕捞业；按劳动对象和生产过程特点分为基础渔业和加工渔业。它的生产对象包括鱼、虾、贝、藻等。

（二）渔业生产的特点

1. 生产资料的唯一性

渔业离不开水，水域是渔业最基本的生产资料，渔业以特定条件下的水域为基础。由于水生动植物本身的特性，对其所生长发育的水域有特定的要求，如水的深度、温度和各种营养元素的含量等都对水生动植物有影响，这就导致了各个水域环境对水生动植物种类都有一定的限制。

2. 渔业生产的季节性

水生动植物的生长受气温的影响特别大，本身生长也需要一定的周期，使水产品在生长过程中表现出明显的季节性。渔业生产的这一特性在北方地区表现得更为明显，在南方地区尤其是华南热带地区，相对来说这种特性较弱一点。这就需要各个地区注重对水产品品种结构的调整，以使水域得到均衡利用和水产品能均衡供应。

3. 渔业的再生性

渔业具有再生性，在生产过程中也必须注重渔业资源再生产能力这一自然规律，达到生态平衡的良性循环。

4. 渔产品具有鲜活性和营养丰富性

水产品都是有生命的动植物，是含水量很高的鲜活性商品，这就决定了对水产品的捕捞、运输和加工要十分注意保生、保鲜，以保证其质量。

5. 渔业资源的共享性

海洋渔业和部分淡水渔业就是以共享性为基础的。在共同水域捕捞和生产常常具有高度的国际性，这也导致渔业资源的保护难度较大。因此，对共有的资源要想获得比别人更高的产量，就必须不断提高自己的捕捞技术水平，改善设备条件。但这对整个渔业资源是不合理的，这就需要加大国际合作，保护有限的渔业资源，树立长远的发展目标，以合理利用和促进渔业资源的再生。

（三）渔业生产计划

渔业生产计划可分为长期生产计划、年度生产计划和作业计划。

1. 长期生产计划

长期生产计划包括3~5年的战略发展计划或10年以上的远景计划。它的主要作用是规定渔业企业在计划期内的发展方向、发展规模和主要技术经济指标要达到的水平，该计划具有战略性、预见性和纲领性的作用。包括以下四方面的计划。

①水资源开发利用与产品发展计划。它是根据社会需要、本企业的经济方针以及科技力量，对开辟捕捞新渔场，养殖新水域、新品种以及对原有渔场、水域、品种的改造等方面所做的较长时期的全面规划。

②科学研究规划。它是对渔业科学方面新技术、新工艺、新品种、新方法进行研究与应用方面的计划。

③企业改造与扩大规模计划。它是企业长期经营计划的重要内容，主要包括：企业渔船设备添置，养殖水域的新开辟，加工工厂机械设备、厂房的新增，企业各方面规模的扩大以及原有渔船、养殖水域、加工设备、厂房等的改造计划等。

④人才开发计划。为了实现渔业企业的经营目标和企业的进一步发展，不仅需要有计划地培训各类人员，而且要适时引进各类优秀人才。因此，应把人才开发放到重要地位。

2. 年度生产计划

年度生产计划是渔业计划的中心环节，是制订其他计划的依据。年度生产计划包括捕捞计划、养殖计划、鱼苗生产计划、成鱼产量计划及技术措施计划。

①捕捞计划。这是以捕捞为主，特别是以海洋捕捞为主的渔业企业应当制订的计划。它是根据渔业企业的资金、劳动力、渔船数、捕捞技术以及捕捞区域内渔业资源的状况，进行捕捞量与资源再生产能力的平衡、燃料消耗量与能源可供量之间的平衡、捕捞生产与渔网工具的基本平衡，确定计划年度内水产品的捕捞量的计划。

②养殖计划。包括沿海滩涂、浅海、港湾的鱼虾、贝、藻的养殖和内陆江河湖泊、水库池沼的鱼虾养殖。以淡水养鱼为主，各生产单位因地制宜、因条件制宜，确定养殖的品种和数量。在安排养殖生产计划时，要进行养殖生产同苗木供应之间的平衡、养殖生产同饲料供应之间的平衡、养殖生产与生产设备之间的平衡。

③鱼苗生产计划。这是根据养鱼任务、水面大小、采鱼多少、需苗量及成活率等指标制订的育苗生产计划。

④成鱼产量计划。它是渔业生产计划的中心。一个养鱼水域，它的生产性能如何，这是在制订渔业生产计划时首先要了解的。这就要对水域的生产性能进行评价，特别是对鱼类的生产潜力进行估算。水面的大小、深浅，饵料多少，水域性能，鱼种数量和质量的规格等决定鱼产量的高低。成鱼产量计划参照历年生产情况，考虑生产潜力并根据企业现在的鱼种、饵料和肥源等条件的变换情况而确定。

⑤技术措施计划。它包括品种改良、鱼病防治、捕捞工具和作业方法、渔业机械化以及保鲜防腐等。

3. 作业计划

作业计划是年度计划的具体实施计划，是企业组织日常生产技术经济活动的依据。它把各子系统计划目标分解落实到各部门、各基层甚至个人，并按其内在联系有机地组织起来，建立其正常的生产秩序和工作秩序，以保证各子系统计划目标的实现。

作业计划包括：渔轮月度生产计划、渔轮航次生产作业计划、养殖作业计划和加工企业的月度生产计划以及月度财务收支计划、渔业物资采购计划和渔轮维修计划等。

四、养殖业生产过程的组织与管理

（一）专业化养猪场的生产管理

从养猪场的类型来看，可分为如下三类：①包括繁殖、育肥在内的自繁、自育的猪场；②只进行繁殖、销售仔猪的猪场；③只购买仔猪进行育肥的猪场。

1. 仔猪选留

（1）猪的选种

一是根据猪群的总体水平进行选种，如猪的体质外形、生长发育、产仔量、初生重、疫病情况等；二是根据猪的个体品质进行选种，主要从经济类、生产性能、生长发育和体质外形等方面进行。

（2）育肥仔猪的选择

一是从品种方面，选择改良猪种和杂交猪种，因为它们比一般猪种生长发育快；二是从个体方面，选择体大健康、行动活泼、尾摆有力的个体。

2. 饲料利用

（1）猪饲料的选用

猪饲料的选用要根据各种饲料的特点以及猪在不同月龄、不同发育阶段的营养需要，选择适当的饲料进行饲养。小猪生长发育旺盛，但胃肠容量小，消化机能弱，可选择易消化、营养丰富且含纤维素少的高能量、高蛋白饲料。中猪消化器官已充分发育，胃肠容量较大，在这个阶段，为满足其骨骼和肌肉的生长，可以较多地喂些粗粮和青饲料。催肥猪骨骼和肌肉生长已趋缓慢，脂肪沉积加强，此时，则应多喂养含淀粉较多的配合饲料。

（2）饲料报酬的分析

饲料是养殖业生产的主要原材料，饲料组合和饲料投入量对畜禽的生长、发育和畜产品形成均有极为密切的关系。各种畜禽生长、发育及其形成的畜产品，均有它自己特有的规律，而且其饲料转化比也不尽相同。因此，需要针对不同的养殖对象，研制出不同的最低成本饲料配合方案，以提高饲料边际投入，获得最大的产出效益。

饲料转化率=畜产品产量（kg）÷饲料消耗量（kg）

料肉比=饲料消耗量（kg）÷畜产品产量（kg）

饲料转化率=畜产品（J/kg）÷饲料消耗量（J/kg）×100%

饲料转化率的高低反映了养殖业生产水平的高低，若饲料转化率高，则表明饲料利用充分，畜产品成本低，经济效益高，养殖业生产水平高。

3. 猪饲养管理

仔猪饲养的基本要求是"全活全壮"，出生后一周内的仔猪着重抓好成活。一是做好防寒保暖等护理工作；二是做好饲料工作，日粮中以精饲料为主，饲料多样化。同时，要及时给母猪补饲，以免影响仔猪的成活。

育肥猪饲养，其育肥的基本要求是：日增重快，在最短的时间内，消耗最少的饲料与人工，生产品质优良的肉产品。一般育肥方法有两种：一是阶段育肥法。即根据猪的生长规律，把整个育肥期划分成小猪、架子猪、催肥猪等几个阶段，依据"小猪长皮、中猪长骨、大猪长肉、肥猪长膘"的生长发育特点，采用不同的日粮配合。在最后催肥阶段，除加大精料量外，尽量选用青粗饲料。这种方法的优点是：精饲料用量少，育肥时间长，一般在饲料条件差的情况下采用。二是直线育肥法。即根据各个生长发育阶段的特点和营养需要，从育肥开始到结束，始终保持较高的营养水平和增重率。此法育肥期短、周转快、增重多，经济效益好。

（二）专业化养鸡场生产管理

1. 养鸡场的种类

现代化的养鸡场已发展成为专业化、系列化、大规模的生产企业，根据不同的经营方向和生产任务，可分为专业化养鸡场和综合性养鸡场两种。

（1）专业化养鸡场

①种鸡场。种鸡场的主要任务是培育、繁殖优良鸡种，向社会提供蛋和种雏。这类鸡场对提高鸡业的生产水平起着重要作用。

②肉鸡场。这是专门提供肉用仔鸡的商品肉鸡场，为社会提供肉用鸡。

③蛋鸡场。专门饲养商品蛋鸡，向社会提供食用鸡蛋和淘汰母鸡。

（2）综合性养鸡场

综合性养鸡场集供应、生产、加工、销售于一体，生产规模大、经营项目多、集约化程度较高，形成联合企业体系，是商品化养鸡业发展到一定阶段的产物。这种现代化养鸡场一般设有饲料厂、祖代鸡场、父母代鸡场、孵化场、商品鸡场、屠宰场等，为社会提供种鸡、种雏、商品鸡、分割鸡肉等产品，销往国内外市场。

2. 饲料管理方式

喂饲是养鸡场最基本、最经常、最大量的生产工作。其要求：一是使鸡群得到良好的照管和饲养，保证鸡群健康生长发育，提供大量产品；二是节约饲料费用以及在喂饲方面的劳动消耗，不断提高饲料报酬率和劳动生产率，降低生产成本。

（1）饲养技术方式

①平养。又可分为地上平养、栅条平养、网上平养等方式。

地上平养，即在鸡舍地上铺上垫料（锯末、沙土等），使鸡在垫料上自由活动觅食。这种方式简便易行，投资少，但饲养密度低，一般每平方米养肉鸡8~10只，蛋鸡4~6只。

栅条平养，即在鸡舍地面上一定高度用柳条或竹竿等铺架一层漏缝地板，把鸡养在栅条上。其优点：鸡床干燥，比较卫生，能就地取材，投资成本低。这种方式一般每平方米可养肉鸡11~15只，蛋鸡7~9只。

网上平养，是以金属网代替栅条做鸡床，虽然比较耐用，但投资大。

②笼养。鸡群笼养是现代化养鸡的主要方式，按饲养工艺可分为开放式与密封式两种。

开放式笼养，是靠自然光照、自然通风换气为主；密封式笼养，是建造可以人工控制环境的鸡舍，使鸡舍保持一定温湿度和光照。笼养可以提高饲养密度和单位面积养鸡量，便于集中管理，减轻劳动强度，减少鸡群感染疾病的机会，提高集约化水平。但技术要求高，投资大，具备一定条件的养鸡场才能运用。

（2）饲养管理方式

饲养方式确定后，就要进行相应的劳动管理，即合理的劳动分工和人员配备，以保证正常饲喂工作的进行。养鸡场每天的喂饲工作包括一系列操作活动，这些操作是由不同工种的工人分工协作完成的。在专业化养鸡场中，则按专业性质不同分组，如饲养组、孵化组、育雏组、肉鸡组、蛋鸡组，有的还有饲料生产组和调剂组等。每组按管理定额配备人员，固定分管各自的专业化工作。劳动分工，有利于提高饲养人员的劳动熟练程度；有利于提高工时利用率和加强生产责任制，以保证喂饲工作正常进行。

3. 养鸡场环境的控制

养鸡场环境，一般指对养鸡生产造成影响的多种外界因素的统称，包括养鸡场所处地域、养鸡场的设施装备、鸡舍内小气候和饲养密度等条件。

（1）场址选择

养鸡场是一座生物工厂，为保证鸡的健康成长，一是寻找空气新鲜，无病原菌污染的地方；二是有充足可靠的水源，最好是自来水和深水井；三是交通运输便利，包括陆运、空运；四是电力供应，要保证孵化、育雏、产蛋舍的动力，饲养加工、抽水、照明等需求。

（2）温度控制

养鸡环境最适宜的温度是18~23℃，一般在13~29℃范围之内。高温会使蛋鸡饮水量增加、呼吸加快、体温升高、血含钙量下降，导致蛋壳变薄、鸡体重减轻、产蛋量减少、蛋的质量下降等。因此，炎热的夏季应设法降温，注意鸡舍屋顶的隔热性，加大通风量；在冬季要注意增温，晚上的喂料可以添加一些油脂，以增加热量，提高御寒能力。

（3）光照控制

产蛋鸡每天光照时间超过11~12小时，就能增加产蛋量，达到14小时后增产效果更为显著，一般规定产蛋期每天光照时间为16小时。但是光照的时间达到或超过17小时，对产蛋反而不利。光照变化的刺激作用一般在10天以后才开始，同时要相应改变饲料配方和增加给料量。延长光照时间通常采用三种方式：一是早晨补充光照；二是傍晚补充光照；三是早上和傍晚都需要补充光照。

（4）换气通风

由于鸡生长发育过程中要排泄粪便，吸入氧气，呼出二氧化碳，一般鸡舍有害气体较多，主要是氨、硫化氨和二氧化碳。因而，鸡舍的平面布置应根据饲养工艺、饲养阶段、喂料的机械化程度、消粪方式、通风设备等进行全盘考虑，使鸡舍有足够的新鲜空气，增加氧含量。

4. 疫病防治

在集约化生产条件下，组织严格的疫病防治是保证鸡群健康成长，获得高产、高效益的重要措施。为此，要贯彻"预防为主"的方针，严格卫生防疫制度，实行预防接种，及时扑灭疫病，为鸡的健康成长创造良好的环境。需做到以下三点。

（1）加强饲养管理，搞好清洁卫生

经常保持良好的鸡舍环境，饲养人员要搞好个人卫生，保持鸡体、饲料、饮水、食具及垫料干净，及时清除粪便，非饲养人员一律不得进入鸡舍。

（2）坚持消毒制度，定期接种疫苗

消毒是杜绝一切传染病来源的重要措施，消毒可采用机械消毒、物理消毒和化学消毒等方法，实行经常性消毒、定期消毒和突击消毒相结合。为了防止疫病的发生，可以根据所在地区鸡传染病种类和病型，结合本场具体情况，制定免疫程序，定期进行各种疫苗的预防接种。

（3）早期发现疫情，及时扑灭疫病

鸡场一旦发生传染病或疑似传染病时，必须遵循"早、快、严"的原则，及时诊断，尽快扑灭，对疫病实行严格隔离，对健康的鸡要进行疫苗接种和疫病防治，对病重的鸡要坚决淘汰，死鸡的尸体、粪便及垫料等运往指定地点焚烧或深埋。

5. 养鸡生产的周转

养鸡生产经过一个生产周期进入另一个生产周期，这种转换称为生产周转。其方式一般有以下两种。

（1）"全进—全出"制方式

"全进—全出"制方式是指一个鸡场饲养同日龄的鸡群，同时一起进场，在生产期满后同时一起出场。这种周转方式，一是可以最大限度地利用鸡的最佳生长周期，获得高产、高效益；二是可以组织严格的防疫。这种方式能最大限度地消灭场内的病原体，避免各种传染病的循环感染，也能使免疫接种的鸡群获得一致的免疫力。肉鸡生产多数采用这种周转制度。

（2）再利用方式

再利用方式是蛋鸡特有的周转方式，即在蛋鸡产蛋1周后，通过强制换羽，使产蛋鸡休产一个时期，再进行第二个产蛋期的利用。有的还要进行第二次强制换羽进入第三个产蛋期。从国内外蛋鸡生产情况来看，一般是利用一个产蛋期即行淘汰，也就是养到72周龄淘汰。但近些年来，国外商品蛋鸡场蛋鸡产蛋到76周甚至80周，即产蛋13~14个月才被淘汰。这样做的好处是更能充分利用、发挥蛋鸡产蛋能力，节省育成鸡的培育费，从而降低鸡蛋的生产成本，为蛋鸡提供了再利用的可能性。产蛋量随着周期的增加而递减，第二个产蛋期比第一个产蛋期少产蛋10%，但鸡蛋个体重量增加，产蛋期延长，每个鸡蛋只承担较少的后备成本。其不利因素是第二个产蛋期以后产蛋量降低，且鸡的死亡率较高。所以，在确定再利用方式时，应通过权衡有利因素和不利因素之间的关系来确定。

（三）渔业生产过程的组织与管理

渔业生产一般包括苗种繁育、成鱼饲养管理和成鱼捕捞等过程的组织与管理。下面以成鱼饲养管理为例。

1. 成鱼饲养管理要注意的细节

（1）做好鱼种放养前的准备工作，包括清塘、杀菌、施用基肥、确定放养模式、采购鱼苗等。第一，对池塘进行清理和杀菌，以提高鱼种成活率和饲料利用率。第二，适当施用基肥，以改善池塘底质，增加水中有机物；繁育浮游生物，增加天然饲料，降低饲养成本。第三，确定放养模式，准备鱼种。鱼种应主要依靠自己培育或就近采购，避免长途运输，以减少损伤和鱼病，提高成活率。

（2）放养管理。放养宜早不宜迟，冬季水温较低，鱼的活动能力弱，放养后有较长时间的恢复期，可以降低发病率和提高成活率，但放养应选择在晴天进行。

（3）轮捕轮放。在一次放足鱼的基础上，分批起捕上市，同时补放一部分鱼种，使鱼塘保持合理的载鱼量，在夏、秋淡季分批供应市场，在夏季补放部分鱼种，还可以为来年提供部分优良的 1 龄冬鱼种。

（4）饵料管理。饵料、肥料是决定养鱼丰产的物质保证，是渔业生产的物质基础。"庄稼靠肥料，养鱼靠饵料"，饵料的多少决定鱼产量的高低。

（5）水质管理。水质管理的重点是提高水中的溶氧量，减少耗氧量和氨氮含量，可以通过控制池水透明度和补水、排水技术进行调节。

（6）防治鱼病。鱼病防治是渔业生产管理的重要环节，应认真做好养殖场消毒、鱼种消毒及工具消毒，并建立巡场制度，观察鱼的动态、水质变化。如果发现鱼病及死鱼情况，应及时检查和防治，特别是在天气发生突然变化时，更应注意。

（7）记好池塘日记，建立档案。为了全面掌握各个养殖场的情况，必须做好鱼塘日记，记录各渔场的开挖时间、底质情况、面积大小、水深、放养的鱼种、产量等，这对总结经验、加强池塘管理十分重要。

2. 成鱼养殖的放养量计算

（1）预计产量法

每公顷鱼塘放养量计算公式：

每公顷鱼塘放养量（kg）＝预计每公顷毛产量（kg）÷预计总增重倍数

每公顷鱼塘放养量（尾）＝预计每公顷毛产量÷起捕平均体重×预计成活率（％）

式中，毛产量指在池活量。

（2）多种鱼混养时各种鱼放养量计算

该种鱼放养量 = 预计总产量 × 预计该种鱼占总产百分比 ÷ 该种鱼预计增重倍数

该种鱼放养量 = 预计总净产量 × 预计该种鱼占总产百分比 ÷ ［（起捕平均体重 − 放养平均体重）× 成活率（％）］

（3）饲肥定量法

每公顷鱼塘放养量计算公式：

每公顷鱼塘放养量 = 计划每公顷投饵量 ÷ 预计饵料系数 ÷ 预计增重倍数

饵料系数 = 投喂饵料总量 ÷ 鱼总增重量 = 投喂饵料总量 ÷（鱼收获总量−鱼放养量总量）

每公顷鱼塘放养量 = 每公顷鱼塘放养量 ÷ 鱼种平均体重

第三节　农产品加工业生产过程与管理

一、农产品加工业生产的类型及特点

1. 农产品加工业的内涵

农产品加工业是农业的一个重要分支行业。它是以农产品为原料，采用物理、化学和生物学的方法，运用机械作业或手工作业将各种农产品加工成各种不同用途的产品，以满足社会各方面需要的生产行业。

2. 农产品加工业生产的类型

（1）按原料品种分类，农产品加工业生产可以划分为粮食加工、经济作物产品加工、水果和蔬菜加工、畜产品加工、水产品加工、林产品加工和特产品加工等。

（2）按产品最终用途分类，农产品加工生产可以划分为食品加工、纺织品加工、饲料加工、造纸加工、皮革加工、药材加工、工艺美术加工、包装材料加工等。

（3）按产品加工程度分类，农产品加工生产通常可以划分为初加工和深加工，或粗加工和精加工。产品的初加工主要是指农产品的洗净、分级、简单包装等；深加工主要是指对农产品进行理化处理、添加营养成分或由此而形成新产品等。

3. 农产品加工业生产的特点

（1）以农产品为生产对象，这是农产品加工业的最大特点。因此，农产品加工业应立足本地的资源优势，生产具有比较优势的产品，提高产品市场占有率。不同地域拥有不同的资源优势，是农产品加工业投资的切入点。

（2）以市场为导向组织生产。农产品加工业的产品，是为人们提供日常消费品和基本生活用品，如食品、衣物、家具、饮料、药品等。随着人们消费结构的升级和消费质量的提升，农产品加工业更要注重市场需求变化，不断开发新产品，特别是绿色食品、有机食品、名优土特产的开发和研制。

（3）以质量标准为依据。在消费者主权时代，农产品质量决定企业的生存和效率。农业加工企业必须按照《食品安全法》《产品质量法》《消费者权益保护法》和农产品质量标准组织生产。

（4）肩负环保的社会责任。农副产品加工业的生产规模一般较小，余料、废料、废气、废水不易进行再次加工，大多排放到厂区周围，造成环境污染以及资源过度开发等问题。为此，农副产品加工企业在创建和生产过程中，应采取有力措施，防止污染、处理好"三废"，实现企业经济效益、社会效益和生态效益的统一。

4. 提高农产品加工业专业化水平的途径

（1）提高农业生产的专业化水平。农产品加工业以农产品为基本原料，且需求量大。它的发展可以直接提高农业生产的专业化、商品化水平，有利于解决小生产与大市场衔接的矛盾，实现农工商综合经营，促进区域经济的快速发展。

（2）提高农产品的附加值。农产品通过初加工、深加工、精加工，可以最大限度地延伸农产品的使用价值，提高农产品的附加值。农产品的就地加工，可以防止农产品的腐烂变质、减少运输、节约成本；加工后的副产品、废弃物，可用作饲料、废料，提高企业综合利用率，从而提高企业的整体经济效益。

（3）扩大农产品的消费领域。发展农产品加工业，直接丰富了农产品加工品市场，有利于扩大农产品消费领域，调节农产品供求关系；有利于克服农产品生产的季节性与需求的常年性之间的矛盾，调节季节之间和地区之间的供求关系。企业应更好地把握商机，不断满足社会对农产品加工品的消费需求，提高经济效益。

（4）优化农村产业结构。就其实质而言，农产品加工业是农业的延伸和继续。随着农业市场化的进程，农产品加工业已成为我国农业产业化中不可或缺的一环，农产品加工企业扮演着"龙头"的角色。农产品加工，一方面，从原料中获得较高的产值；另一方面，为社会增加了就业门路，尤其是加工企业吸收了大量农村剩余劳动力，从而加速了农村产业结构的调整和优化。

二、农产品加工业生产过程与管理

（一）生产准备过程

1. 硬件设施

（1）加工原料配备

加工原料配备指加工企业最为繁杂又经常性的准备工作，就是各种农副产品的采购、运输和储备等工作。农副产品加工的主要原料包括粮、棉、油、糖、茶、肉、果、原木、药草、毛皮，及各种野生动植物等，其中大多数为鲜活产品，有的易腐、易损，不耐储藏。所以，在生产准备工作中，应选择灵活的采购方式、采购批量、运输方式和储备方式等，以保证加工品质量的要求。

（2）技术工艺工作

技术工艺工作包括产品设计、工艺设计、技术图纸、工艺文件、新产品的试制等。只有不断地采用新技术、新加工工艺，坚持小批量、多品种、优质量的竞争策略，才能使企业在激烈的竞争中立于不败之地。

（3）生产条件供给

根据加工企业的生产车间、生产场地的作用面大小、设备要求，适当装配供电、供水、供气设施，以确保生产的不断进行。

（4）质量检验体系

农副产品的加工制品，大多数是日常生活消费品，尤其是食品类产品，其优劣直接影响到人们的身体健康。因而，注重产品质量是提高企业知名度和竞争能力的关键因素。为此，农副产品加工企业必须设立健全的质量保证体系，配备相应的质量检验机构和质量检测人员。

（5）安全保障措施

主要包括企业所必需的卫生检测、安全设备、劳动保护、消防器械等物品装置的准备。

新建的加工企业，还要做好工程验收，以及操作工人的技术培训等产前试操作工作。

2. 软件基础

（1）组织规章制度

主要是根据企业的生产规模、生产任务、产品特点的不同，制定相应的责任制度和规章制度，包括生产责任制、岗位责任制、安全规章等。明确企业内部各级生产组织和各职能部门的权利、职责和利益。

（2）生产管理制度

生产管理制度包括劳动定额、物资储备定额、原料消耗定额、能源消耗定额等，并根据各生产单位的生产任务，将一定时期内所需要的劳动力、生产要素，通过合理配置，落实到各生产单位。

（3）企业经营计划

企业经营计划包括年度财务计划、阶段作业计划、劳动用工计划、生产进度计划、原料供应计划等。

（4）生产操作规程

生产操作规程包括生产工艺、操作规程等。

总之，生产过程的准备应有科学的预见性，既要估计到企业生产经营中可能出现的各种问题，又要预见到科学技术的发展和市场需求的变化给企业带来的影响。因为，农副产品加工业大多数属于生活资料的生产行业，具有有机构成水平低、资金周转速度快、易于吸收闲置资金的特点，是一个竞争激烈的行业。

（二）生产过程的组织

生产过程是企业生产经营全过程的中心环节，代表着企业生产的专业化方向。

1. 生产过程组织的要求

农副产品加工业生产，是运用现代工业生产技术和管理技术，在专业分工和协作的基础上，采用多种工艺方法和使用多种机器设备的复杂生产体系。基本生产的组织，就是要结合企业生产技术条件、工艺性质、生产类型、生产任务量和企业的专业化生产方向的特点，适应市场需要和生产发展的要求，确保基本生产过程的高效运行。为此有以下要求。

①生产过程的连续性：产品生产过程的各个阶段、各道工序是相互衔接、有序进行的。劳动对象在一道工序被加工、处理完以后，立即被转送到下一道工序，使之处于不间断地被加工、检验和运输状态之中。在某些产品的加工中，还要借助自然力的作用，使人工加工过程同自然力处理过程相互衔接，避免不合理的中断。

②生产过程的比例性：基本生产过程的各个组成部分，即各道工序之间保持一定的比例关系，使每道工序的作业量大致均衡。但随着生产的发展、品种的扩大、新工艺的引进、新材料的运用、管理制度的健全等因素的变动，就必须对原来的比例进行适时的调整。

③生产过程的节奏性：各个生产环节在相等的时间间隔内，产出相等数量的产品，没有时紧时松、前松后紧、突出赶工的现象。简单地说，就是各工作环节都能达到均衡的负

荷，均衡地产出产品。

④生产过程的合理中断：某些农副产品加工业和某些生产工艺过程，需要借助自然力的作用，使劳动对象发生物理或化学反应。如造酒业中的发酵过程、制药业中中草药的晾晒过程、制药业的晾干过程等。这种变化过程的开始，即表示加工过程暂时中断，中断达到一定时间后，加工过程又重新开始。这种加工工艺特点，要求企业注意生产过程的合理安排，以保证生产过程的连续性。

⑤生产过程的适应性：指企业生产过程适应品种变化，产品升级换代，采用新技术、新材料的能力。这对企业适应多变的市场需求、提高企业竞争能力和企业经营稳定性是非常重要的。企业要提高生产过程的适应性，就必须在购置设备、制订规划中有长远打算，不能只顾眼前；要尽量采用先进的加工技术，以生产过程的适应性提高产品对市场的适应性，从而提高企业的经济效益。

2. 生产过程组织的形式

①大量生产：在一段时间内重复生产一种或几种产品，其特点是产品的品种少，批量大，产量大，各工作场所固定地完成1~2道工序，专业化程度高。

②成批生产：在一段时间内重复生产较多种产品，其特点是产品的品种不太多，每种产品都有一定的数量，生产条件比较稳定，各工作场地需负担较多的加工工序，专业化程度不是很高。成批生产型又可根据工作场地所负担的工序多少和每种产品投入的批量大小，分为大批量生产、中批量生产和小批量生产。

③小批量生产：在一段时间内经常变换生产多种产品，很少重复生产同种产品。其特点是产品品种繁多，每种产品只有一件或几件，生产条件很不稳定，工作场所专业化程度很低，生产设备和技术工艺通用性强，所需的原材料多数按农副产品的收获期进行收购和加工。

3. 生产过程组织的方法

任何工业企业的生产过程的组织工作，都包括两个互相关联的方面，即生产过程的空间组织和时间组织。

（1）生产过程的空间组织

它是确定被加工处理的农副产品，在生产过程中的空间运动形式，即生产过程各个阶段、各道工序在空间上的分布和原材料、半成品的运输路线。空间组织又必须与相应生产单位的组织形式相结合。

生产单位的组织形式，是指企业的生产车间、班组的专业化形式。农副产品加工企业内部生产单位（车间、班组）的设置，一般有以下三种基本形式。

①工艺专业化

工艺专业化即按照生产工艺性质的不同来设置生产单位，其优点是：有利于充分利用生产能力和生产面积；有利于适应产品品种的多种变化；有利于进行工艺专业化的技术管理；有利于组织和指导同工种工人之间的相互学习和交流，提高技术水平。其缺点是：劳动对象（加工产品）在生产过程中运行的线路较长；运送原材料和半成品的劳动消耗量大；劳动对象在生产过程中停放时间长，积压在产品多；生产周期长，占用较多流动资金；各生产单位的计划管理、在制品管理、质量管理等工作也比较复杂。

②对象专业化

对象专业化即以产品为对象来设置生产单位，某产品的全部工艺过程能在一个封闭的单位内独立完成。不同产品，按工艺流程布置所需的设备，不同的工种工人采用不同的工艺方法，对同种对象进行加工，能独立制造一种产品。其优点是：有利于缩短生产单位之间的协作关系，简化各项管理和产品成本核算的工作。其缺点是：由于所用设备专业性能强，通用性能差，不利于充分利用设备和劳动力；生产技术多样不利于生产专业化；不适应产品品种多变的形式等。

③工艺专业化与对象专业化结合

工艺专业化与对象专业化结合即吸收上述工艺专业化与对象专业化的优点，按照综合性原则而形成的生产单位设置形式。这种设置综合了上述两种设置方法的优点，避免其缺点。

（2）生产过程的时间组织

生产过程的时间组织，主要是说明生产过程各工序之间的衔接协调，以尽量缩短生产周期。工序之间衔接的移动方式一般有以下三种类型。

①顺序移动方式

顺序移动方式是指整批产品在上一道工序全部完成以后，才整批集中运送到下一道工序，形成整批产品在各道工序之间相继移动。

②平行移动方式

平行移动方式是指一批产品中每一件产品在某道工序加工完成后，立即转入下一道工序，形成产品在工作场所之间的逐件移动。

③平行顺序移动方式

平行顺序移动方式即前两种方式的结合，加工产品在工作地之间的移动有两种情况，一是当前一道工序加工单件产品的时间小于或等于后一道工序加工时间，加工完一件（一批）就立即转移到下一道工序，即按平行移动方式移动；二是当前一道工序加工时间大于后一道工序加工时间时，则等到前一道工序加工完的在产品数量能满足后一道工序连续加工时，才将加工完成的产品转移到下一道工序，即按顺序移动方式移动。

从上述三种移动方式的分析中可以看到，采用顺序移动方式，生产过程中的组织工作比较简单，但存在整个生产周期较长、资金周转慢、在制品积压多等缺点。采用平行移动方法，生产周期虽然较短，但由于产品加工的各道工序的劳动量往往是不相等的，劳动力和设备有时会出现空闲等待现象，造成停工待料。平行顺序移动方式，综合了上述两种方式的优点，但组织工作比较复杂。因此，企业应充分考虑到上述各种方式的优缺点，权衡利弊，根据本企业的生产类型、生产规模及其特点，决定采用何种方式组织生产过程。

第四章
营运资金管理

第一节　认识营运资金和管理现金

一、营运资金概述

（一）营运资金的含义

营运资金是指在农村经济组织生产经营活动中占用在流动资产上的资金。营运资金有广义和狭义之分，广义的营运资金又称毛营运资金，是指一个农村经济组织流动资产的总额；狭义的营运资金又称净营运资金，是指流动资产减流动负债后的余额。营运资金的管理既包括流动资产的管理，也包括流动负债的管理。

1. 流动资产

流动资产是指可以在一年以内或超过一年的一个营业周期内变现或运用的资产，流动资产具有占用时间短、周转快、易变现等特点，农村经济组织拥有较多的流动资产，可在一定程度上降低财务风险。流动资产按不同的标准可分为以下两类。

（1）按实物形态，可把流动资产分为现金、短期投资、应收及预付款项和存货。

（2）按在生产经营过程中的作用，可把流动资产划分为生产领域中的流动资产和流通领域中的流动资产。

2. 流动负债

流动负债是指需要在一年或者超过一年的一个营业周期内偿还的债务。流动负债又称短期融资，具有成本低、偿还期短的特点。流动负债按不同的标准可分为以下两类。

（1）以偿付金额是否确定为标准，可将流动负债分成应付金额确定的流动负债和应付金额不确定的流动负债。应付金额确定的流动负债是指那些根据合同或法律规定，到期必须偿付，并有确定金额的流动负债。应付金额不确定的流动负债是指那些要根据农村经济组织生产经营状况，到一定时期才能确定的流动负债或应付金额需要估计的流动负债。

（2）按流动负债的形成方式，流动负债可分为自然性流动负债和人为性流动负债。自然性流动负债是指不需要正式安排，由于结算程序自然形成的那部分流动负债。人为性流动负债是指由财务人员根据农村经济组织对短期资金的需求情况，通过人为安排所形成的流动负债。

（二）营运资金的特点

为了有效地管理农村经济组织的营运资金，必须了解营运资金的特点，以便有针对性地进行管理。营运资金一般具有如下五个特点。

1. 营运资金的周转具有短期性

农村经济组织占用在流动资产上的资金，周转一次所需时间较短，通常会在一年或一个营业周期内收回，对农村经济组织影响的时间比较短，根据这一特点，营运资金可以用商业信用、银行短期借款等短期筹资方式来加以解决。

2. 营运资金的实物形态具有易变现性

短期投资、应收账款、存货等流动资产一般具有较强的变现能力，如果遇到意外情况，农村经济组织出现资金周转不灵、现金短缺时，便可迅速变卖这些资产，以获取现金。这对财务上应付临时性资金需求具有重要意义。

3. 营运资金的数量具有波动性

流动资产的数量会随企业内外条件的变化而变化，时高时低，波动很大。季节性强的农村经济组织更是如此。随着流动资产数量的变动，流动负债的数量也会相应地发生变动。

4. 营运资金的实物形态具有变动性

农村经济组织营运资金的实物形态是经常变化的，一般在现金、材料、在产品、产成品、应收账款、现金之间顺序转化。为此，在进行流动资产管理时，必须在各项流动资产上合理配置资金数额，以促进资金周转顺利进行。

5. 营运资金的来源具有灵活多样性

农村经济组织筹集长期资金的方式一般比较少，只有吸收直接投资、发行股票、发行债券、银行长期借款等方式。而农村经济组织筹集营运资金的方式却较为灵活多样，通常包括银行短期借款、商业信用、应交税金、应交利润、应付工资、应付账款、预收货款、票据贴现等方式。

（三）营运资金管理的原则

农村经济组织的营运资金在全部资金中占有相当大的比重，而且周转期短，形态易变，所以成为农村经济组织理财工作的一项重要内容。农村经济组织对营运资金进行管理时，应遵循以下四个原则。

1. 认真分析生产经营状况，合理确定营运资金的需要数量

农村经济组织营运资金的需要数量与农村经济组织生产经营活动有直接关系，当农村经济组织产销两旺时，流动资产会不断增加，流动负债也会相应增加；而当农村经济组织产销量不断减少时，流动资产和流动负债也会相应减少。

2. 在保证生产经营需要的前提下，节约使用资金

在营运资金管理中，必须正确处理保证生产经营需要和节约合理使用资金二者之间的关系。要在保证生产经营需要的前提下，遵守勤俭节约的原则，挖掘资金潜力，精打细算地使用资金。

3. 加速营运资金周转，提高资金的利用效果

营运资金周转是指农村经济组织的营运资金从现金投入生产经营开始，到最终转化为现金的过程。在其他因素不变的情况下，加速营运资金的周转，也就相应地提高了资金的利用效果。因此，农村经济组织要千方百计地加速存货、应收账款等流动资产的周转，以便用有限的资金取得最优的经济效益。

4. 合理安排流动资产与流动负债的比例关系，保证农村经济组织有足够的短期偿债能力

流动资产、流动负债以及二者之间的关系能较好地反映农村经济组织的短期偿债能力。流动负债是在短期内需要偿还的债务，而流动资产则是在短期内可以转化为现金的资产。因此，如果一个农村经济组织的流动资产比较多，流动负债比较少，说明农村经济组织的短期偿债能力较强；反之，则说明短期偿债能力较弱。但如果农村经济组织的流动资产太多，流动负债太少，也并不是正常现象，这可能是因流动资产闲置或流动负债利用不足。根据惯例，流动资产与流动负债的比例保持在 2∶1 是比较合理的。

二、管理现金

（一）现金的含义及持有动机

现金泛指农村经济组织在日常经营过程中进行交换和支付的一种手段，如在购买商

品、支付费用、偿还债务的情况下所使用的现金，包括农村经济组织的库存现金、各种形式的银行存款、银行本票、银行汇票等。由于现金的普遍可接受性，使它成为流动性最强的资产，虽然不能直接给农村经济组织带来收益，但它却是维持农村经济组织生存的血液。

农村经济组织持有一定量的现金一般出于以下三个动机。

1. 支付动机

支付动机又称交易动机，是指农村经济组织持有现金来满足日常交易的需要。支付动机是农村经济组织持有现金的主要动机，在农村经济组织经营的大量活动中，如购买材料、支付工资、缴纳税金、偿还债务，以及各项杂费支出，在大多数情况下都需要通过现金来完成。而且，农村经济组织每天的现金流入量和流出量之间总是存在差异，为了不使正常的经营活动中断，农村经济组织必须持有一定量的现金。

2. 预防动机

预防动机是指农村经济组织持有现金是为了预防意外事件的发生。农村经济组织在预计现金需要量时，主要考虑的是正常情况下的需要，但是其在生产经营时会受到很多不确定因素的影响，如款项无法收回、遭受意外灾害等，这时可能会有额外的现金支出发生，为了避免意外事件对农村经济组织的影响，农村经济组织应有一定数量的安全储备现金。

3. 投机动机

投机动机是指农村经济组织持有现金是为了从预期的有价证券或物资的价格波动中取得收益。这里的投机主要是一种短期行为。前面提到现金这种资产本身基本上不能给农村经济组织带来大的收益，虽然存款能获得利息收入，但是利率也非常低。所以在适当的时候，如果能把握好证券市场和期货市场的行情，将闲置资金进行有价证券和期货的投资，会给农村经济组织带来较大的收益。

农村经济组织出于不同的动机都需要持有一定数量的现金，但是现金本身是非营利性资产，持有过多现金会使资金不能投入经营周转而减少收益，从而降低农村经济组织的盈利水平；现金持有量不足则会影响企业正常的生产经营，甚至会加大企业陷入财务风险的困境。企业对现金进行管理时主要的目的是合理地确定现金的持有量，既要保证正常经营对现金的需求，降低财务风险，又要减少资金的闲置，提高企业的获利水平。

（二）最佳现金持有量的确定

最佳现金持有量是指既能满足农村经济组织经营所需、降低财务风险，又能避免资金闲置、提高农村经济组织收益所持有的现金的数量。保持最佳现金持有量（也称最佳现金余额）是农村经济组织现金管理的目标。农村经济组织最佳现金持有量的确定有以下两种模型。

1. 现金周转模型

现金周转模型是通过现金周转天数来确定最佳现金持有量的方法。现金周转天数或现金周转期是指现金从投入生产经营开始，到最终转化为现金收回的整个过程所经历的时间。现金在整个周转过程中要经历三个周转期：一是存货周转期，是指存货从取得、耗用，直到转化成成品售出的过程；二是应收账款周转期，是指从成品售出、应收账款形成到货款收回的过程；三是应付账款周转期，是指存货从取得到支付货款的过程。存货周转期、应收账款周转期、应付账款周转期这三个周转期决定了现金周转期的长短。

$$现金周转期 = 存货周转期 + 应收账款周转期 - 应付账款周转期$$

假设农村经济组织年度现金的需要量已知，同时存货、应收账款、应付账款的周转在年度内都是连续且均衡的，那么通过现金周转天数，就可以确定最佳现金持有量了。

$$最佳现金持有量 = \frac{年现金需要量总额}{360} \times 现金周转天数$$

2. 成本分析模型

成本分析模型通过分析持有现金的成本，找到能使持有现金成本最低的现金持有量（即是最佳现金持有量）。持有现金的成本包括以下四个方面。

（1）机会成本

现金持有的机会成本指农村经济组织因持有现金，而没有将现金进行其他投资所放弃的收益。农村经济组织持有现金的数量越大，因此而放弃的收益就越大。因此，现金持有量与持有现金的机会成本成正比。

（2）管理成本

现金持有的管理成本指农村经济组织为了保证持有现金的安全、完整所发生的开支，如安全保卫开支、保管人员工资等。现金持有量在一定范围内，管理成本不受现金持有量增减变化的影响，保持不变，属于现金持有的固定成本。

（3）短缺成本

现金持有的短缺成本指农村经济组织因现金持有量不足，无法满足日常经营开支或无法偿还到期债务，给农村经济组织造成的损失或农村经济组织因此付出的代价。农村经济组织的现金持有量越多，出现这种可能的机会就越小，相应承担的损失就更小；反之，农村经济组织就会承担更多的损失。所以，现金持有量与短缺成本之间呈反向变动的关系。

（4）转换成本

现金持有的转换成本指现金与有价证券之间在转换时发生的交易费用。转换成本的大小只与转换的次数有关，与现金持有量无关。

持有现金的机会成本随现金持有量的上升而上升，持有现金的短缺成本则随着现金持有量的上升而下降，持有现金的管理成本不受现金持有量的影响，表现为一条直线。而最佳的现金持有是使持有现金的总成本最低的持有量。

在具体计算最佳现金持有量时，首先，分别测算不同现金持有量的各项持有现金的成本，编制测算表；其次，将各项现金持有成本相加，确定不同现金持有量的现金持有总成本；最后，通过比较不同现金持有量的现金持有总成本，其中总成本最小的为最佳方案，此成本对应的现金持有量就是最佳现金持有量。

（三）现金日常管理

1. 现金收支的内部控制制度

农村经济组织内部现金管理按内部牵制制度的要求实行钱账分管，对现金的收支业务和记账工作实行由两人或两人以上分管，相互牵制、相互监督。票据及各种付款凭证应指定专人负责保管，并由专人负责审批，而且审批和具体签发付款凭证的工作应分别由两个或两个以上的人员办理，不能由一人兼任。

2. 加速收款

在分析公司收款、发票寄送、支票邮寄、业务处理、款项到账等流程的前提下，采用银行存款箱制度和集中银行制等现金回收方法，尽可能缩短收款浮账时间。所谓收款浮账时间是指收款被支票邮寄流程、业务处理流程和款项到账流程所占用的收账时间的总称。

3. 延迟支付

在不影响公司商业信誉的前提下，尽可能地推迟应付款项的支付期，充分利用供货方所提供的信用优惠，积极采用集中应付账款、利用现金浮游账量等手段。所谓现金浮游账量是指农村经济组织从银行存款账户上开出的支票总额超过其银行存款账户的余额。

第二节　管理应收账款

一、应收账款的含义及作用

应收账款是指农村经济组织在销售商品或提供劳务时应收而尚未收回的款项，它多产生于赊销或分期收款这种销售方式，相当于给客户一定的商业信用。在市场竞争激烈的买方市场，销售方为了吸引客户、占有一定的市场份额、增加收入等，采用赊销的方式，在一定的条件下给客户留出一定的付款期限，以此来吸引客户。但同时，在这段时间内，本应收到的货币资金就会被客户占用，产生相关的成本。所以，应收账款在给农村经济组织带来收益的同时也存在一定的风险，如何降低风险、增加收益，是应收账款管理的重点。

应收账款的作用主要有两方面：一是扩大销售、占有市场，赊销给客户留出了一定的付款期限，留出了资金周转的余地，对资金周转较困难的农村经济组织这无疑是雪中送炭，同时也增加了产品销量，扩大了销售规模，提高了市场占有率。二是减少存货，盘活资金，赊销虽然没有给农村经济组织带来资金收入，但是减少了存货的数量，存货在储藏、保管方面的成本也会相应地有所减少，降低存货的成本。

二、应收账款的成本分析

1. 应收账款的机会成本

采用赊销的方式在一定条件下会给购货方留出一定的付款期限，相当于销售方把本应收取的货币资金提供给购货方无偿使用，这样销售方就放弃了资金的使用权，同时也就失去了资金投放在其他方面给自己带来的收益，如投资于有价证券取得的收益。应收账款的机会成本就是企业因资金投放在应收账款上而失去的资金投放在其他方面的收益。应收账款的机会成本的大小通常与应收账款投资额与资金成本率（即资金投放于其他方面的收益率）有关。其计算公式如下：

应收账款维持赊销业务机会成本 = 所需要的资金 × 资金成本率

公式中，资金成本率一般可按有价证券利息计算；维持赊销业务所需资金数量可按以下步骤计算。

第一步：计算应收账款平均余额。

$$应收账款平均余额 = \frac{年赊销额}{360} \times 平均收账天数 = 平均每日赊销额 \times 平均收账天数$$

第二步：计算维持赊销业务所需的资金。

$$维持赊销业务所需要的资金 = 应收账款平均余额 \times \frac{变动成本}{销售收入}$$

$$= 应收账款平均余额 \times 变动成本率$$

上式假设企业的成本水平保持不变（即单位变动成本不变，固定成本总额不变），因此随着企业赊销业务的扩大，只有变动成本随之上升。

2. 应收账款的管理成本

销售方作为应收账款的债权人为了保障自身的权益，确保应收账款的安全、可靠，需要对客户的资信度进行调查、了解，对往来业务进行记录，对客户拖欠的款项进行催收等，这些都会有费用、支出的发生。

3. 应收账款的坏账成本

坏账是指销售方无法收回的应收账款。坏账的发生必然会给农村经济组织造成一定货币资金的损失。所以，应收账款在给农村经济组织增加销量、带来收入的同时，也会给企业带来风险、增加成本。

三、信用条件

应收账款的实质是销售方给予购买方的一种商业信用，在提供这种信用时销售方应确立一定的原则与行为规范，这包括信用标准与信用条件。

（一）信用标准

信用标准是指购买方取得销售方商业信用所应具备的基本条件，通过信用标准来判断购买方是否有资格享受企业提供的商业信用。在对客户资信程度进行评估时，通常从五个方面来进行，称作 5C 评估法，即品质（Character）、能力（Capacity）、资本（Capital）、抵押品（Collateral）和条件（Conditions）。

1. 品质

品质即客户的信誉，指客户是否有还款的诚意。在法治社会，客户的恶意欠款会受到法律的制裁，但还是会给农村经济组织带来时间和经济上的损失。因此客户如果自身具备良好的商业道德，诚信守义，应收账款的收回会更有保障、风险会更小。

2. 能力

能力即客户偿还货款的能力，这取决于客户的资产结构、资金收支状况等，可以通过资产负债率、流动比率、速动比率等相关的财务指标来判断。

3. 资本

资本是指客户的财务实力和财务状况，这取决于客户的资本金、所有者权益的大小以及比率，它表明客户是否有偿还债务的保障。

4. 抵押品

抵押品是指客户在拒绝付款或无力偿还款项时，能被用来抵押的资产。客户能抵押的资产越多，其信用保障就越充足。特别是在无法确定客户的信誉状况时，就要根据其抵押品的情况来给对方提商业信用。

5. 条件

条件是指影响客户偿还款项的经济环境。通过了解经济环境的变化或是在特殊的事件发生时，会对客户的还款产生什么样的影响。

（二）信用条件

信用条件是指农村经济组织给客户在提供商业信用时所规定的条件，一般包括信用期间、折扣期间和现金折扣率。

1. 信用期间

信用期间是指农村经济组织为客户规定的最长付款时间。对农村经济组织而言，客户的付款的时间越长，占用企业资金的时间就越长，这样对客户有较大的吸引作用，能增加组织的销售收入，但同时也增加了组织应收账款的机会成本、管理成本和发生坏账损失的风险。所以农村经济组织要考虑一定的信用期间延长增加的收入和成本之间相互变动的关系。

2. 折扣期间

折扣期间是指农村经济组织确定的客户可享受现金折扣的付款时间。

3. 现金折扣率

现金折扣率是指企业对客户在信用期间内提前付款给予客户的付款优惠额度。

综合信用期间、折扣期间和现金折扣率这三个因素，信用条件可以表示为"X/X"。例如信用条件为"2/10，1/20，n/30"，表示客户如果在开票后 10 天内支付款项，就可以享受 2%的现金折扣；如果超过 10 天但在 20 天之内付款，可享受 1%的现金折扣；如果超过 20 天，就无法享受任何折扣，并且要按全额在 30 天之内支付款项。在这里，30 天为信用期间，10 天和 20 天为折扣期间，2%和 1%分别为不同折扣期间的折扣率。

农村经济组织制定和选择不同的信用条件，主要是利用成本效益分析法对不同信用条件对收入和成本的影响进行分析，根据不同信用条件给企业带来收益的大小进行选择。

四、收账政策

收账政策是指客户在规定的信用期内仍未付款时，农村经济组织为催收款项而采取的一系列程序和措施的组合。农村经济组织积极地采取措施催收款项，能减少坏账损失，保证货款的安全和完整，但是必然会引起收账成本的增加；而农村经济组织消极应对，收账成本会相应减少，但是农村经济组织发生坏账损失的风险也会有所增加，资产的安全性就无法保障。所以，如何在保证货款安全、完整收回的基础上又能不增加组织的收账成本，这是在制定收账政策时应加以考虑的问题。

一般情况下，收账成本越大，坏账损失就越少，但这两者之间并不是完全线性相关的，开始收账成本发生时，应收账款和坏账损失会有所降低；随着收账成本继续增加，应收账款和坏账损失会明显减少，但当收账成本增加到一定限度后，应收账款和坏账损失的减少就不再明显了，这时的限度为饱和点。所以，收账成本的支出不应超过饱和点。

五、应收账款的日常监控

（一）做好基础记录，及时了解收账的状况

基础记录工作包括对客户的信用条件、建立赊销关系的日期、客户付款的时间、尚欠款余额、对客户的信用评定等。以信用评估机构、银行、财税部门、消费者协会、工商管理部门等保存的有关原始记录和核算资料为依据，利用客户公布的财务报表数据、测算拒付风险系数的能力，然后，结合农村经济组织承担违约风险及市场竞争需要，具体划分客户的信用等级。在确定客户信用等级和对客户进行信用评价的基础上，为每一个客户建立一个信用档案，详细记录其有关资料。农村经济组织通常应事先决定档案的有关内容，以便信用控制人员的资料收集是完整的而不是随机的。客户档案的主要内容一般包括：客户与企业有关的往来情况以及客户的付款记录；客户的基本情况，如客户所有的银行往来账户、客户的所有不动产资料以及不动产抵押状况，客户所有的动产资料、客户的其他投资、转投资等资料；客户的资信情况，如反映客户偿债能力、获利能力及营运能力的主要财务指标，反映客户即期及延期付款情况、实际经营情况及发展趋势信息等。对不同客户制定不同的信用限额。

（二）加强应收账款收回的管理

农村经济组织应收账款发生的时间长短不一，有的还在付款期内，有些已经超出了付款期，而且超出的时间也各不相同。一般情况下，款项拖欠的时间越长，收回的可能性就越小，发生坏账的可能性就越大。因此，农村经济组织应采用科学的方法对应收账款的回收进行监督和管理，常用的有账龄分析法和 ABC 管理法。

1. 账龄分析法

账龄分析法通过编制账龄分析表显示农村经济组织应收账款付款期的长短来进行分析。

2. ABC 分析法

ABC 分析法又称重点管理法，现已广泛用于存货管理、成本管理和生产管理。ABC 分析法就是遵循"保证重点，照顾一般"的原则，将所有欠款客户按其所欠货款金额的多少进行分类排队，然后按类别分别采用不同的收账政策。例如将所欠货款金额较大的客户归入 A 类，所欠货款金额较小的客户归入 C 类，其他的客户归入 B 类，对这三类客户分别采用不同的收账方法，对 A 类客户应重点对待，适当增加收账费用，可通过信函催收、专人催收，甚至可以通过法律途径解决；对 B 类客户则可以采用一般的收账方法，可多次发出催款信函；对 C 类客户只需发函通知其尽快付款即可。

同时还要采取合理的收账程序，给予客户适当的压力。对逾期较短的客户，不便过多地打扰，以电话或信函通知即可，以免失去这一客户；对尚未到期的客户，可措辞婉转地写信催收；对逾期较长的客户，应频繁地进行催收；对故意不还，或上述方法均无效的客户则应提请有关部门仲裁或诉诸法律。

（三）建立应收账款管理的考核评价指标

建立应收账款考核指标也是加强应收账款管理的重要手段之一。应收账款的考核指标主要包括应收账款周转率和应收账款周转天数。其计算公式如下：

$$应收账款周转率 = \frac{赊销收入净额}{平均应收账款}$$

$$应收账款周转天数 = \frac{360}{应收账款周转率}$$

应收账款周转率和应收账款周转天数反映了应收账款流动性的大小；在一定时期内，应收账款周转率越高或平均收款期越短，应收账款转为现金的次数越多，或平均每次转化为现金的时间越短，说明收款效率越高；反之，收款效率越低。

（四）实行资金融通，加速应收账款的变现

农村经济组织为尽早回笼资金，将未到期的应收账款向银行或其他融资公司抵借或出售。应收账款的抵借，即应收账款的所有者以应收账款作为抵押，在规定的期限内取得一定额度借款的资金融通方式。金融机构拥有应收账款的债权和追索权，因此，此方式受到金融机构的普遍认可。应收账款的让售，即农村经济组织将应收账款出让给专门收购应收账款为业的金融公司，从而取得资金的融通方式。具体操作为：农村经济组织在发货前，向金融公司申请贷款，金融公司根据客户的信用等级，按应收账款净额的一定比例收取手续费，从预付给让售方的款项中抵扣。客户到期的应收账款直接支付给融通公司，同时承担坏账风险。因为采用这种方式，购买应收账款的金融公司要对客户进行资信调查，所以

在无形中为销售企业提供了专业咨询；而且金融公司信息灵活、专业化程度高，有利于坏账的收回。因此，这种将应收账款让售给金融公司的方法对农村经济组织而言是一种比较好的融资方式。

第三节 管理存货

一、存货的含义及作用

存货是指农村经济组织在日常生产经营的过程中，为了销售或耗用而储备的各种物资，它包括库存的商品或产品、自制的半成品、原材料、燃料、包装物、低值易耗品等。存货是一种非常重要的流动资产，它是维持正常生产经营的基础，也是实现收益的保障，所以农村经济组织必须持有一定数量的存货，避免停工待料和供应短缺。

二、持有存货的成本

农村经济组织持有存货是为了保障生产和销售的正常进行，同时为了持有存货，又必须占用资金，引起相应的成本支出，例如购买存货、储存和管理存货时所发生的支出。

1. 购进成本

存货的购进成本由购置成本和订货成本组成。购置成本即存货本身的价值，或取得时的价款，只与存货的数量单价有关。订货成本是指企业为组织进货而发生的费用，如订货的差旅费、日常办公费、通信邮资费、检验费、入库搬运费等。在这些费用中，有些与订货的次数无关，称为固定订货费用，如日常办公费；有些费用的大小则随着订货次数的变动而变动，称为变动订货费用，如订货的差旅费、检验费、入库搬运费等。

2. 储存成本

存货的储存成本是农村经济组织为持有存货而发生的费用。储存成本包括存货的保险费用、保管或储存存货的建筑与设备的折旧及相关税金、存货占用资金的成本、保管存货人员的工资及福利、仓库日常的办公费、存货的残损霉变损失等。

储存成本按照其与存货储存数量之间的关系可分为固定储存成本和变动储存成本。固定储存成本的大小与储存数量无关，如保管或储存存货的建筑与设备的折旧及相关税金、仓库日常的办公费等；变动储存成本的大小受储存数量的影响，如存货占用资金的成本、存货的保险费用等。

3. 缺货成本

缺货成本是指由于存货供应中断而给农村经济组织带来的损失。如原材料供应中断导致停工待料造成的损失、库存商品短缺造成的延期或拖欠供货以及错失销售机会造成的损失。而农村经济组织为解决短缺会进行临时采购或紧急采购，这时发生的紧急采购费用可能会高出正常情况下的采购成本，超出正常采购成本的部分也视为缺货成本。

企业持有的存货并不是越多越好，最佳的存货持有量应在满足农村经济组织日常经营的基础上使存货的持有成本最小。

三、经济订货批量

存货管理的内容是多方面的，但主要围绕两个方面展开：一是确定合理的存货量，即经济订货量；二是确定有利的订货时机，即经济订货点。经济订货量是使农村经济组织持有存货成本最小的订货量，有了经济订货量，就可以确定经济订货点。

在实际工作中，影响存货持有成本的因素很多，具体情况也比较复杂，为了建立经济订货量的模型，一般只分析主要因素对存货持有成本的影响，而对其他情况做一些假设。这些假设条件为：不考虑进货时的现金折扣；能及时补充存货，不会出现缺货的情况，即持有成本中的缺货成本为零；存货每次均能一次到货，而不是陆续入库；储存条件和购置存货的资金不受限制；所需存货市场供应充足，不存在购买不到所需存货而影响其他的情况。

在上述假设条件下，假设缺货成本为零，那么持有成本就由购进成本和储存成本构成。而存货的购进成本和储存成本会随订货量的变动而变动，当订货量增加时，订货的次数会相应减少，这样存货的购进成本也随之减少，但是订货量的增加会导致存货储存成本的增加；如果减少订货量，存货的储存成本会有所减少，但是这样则会增加订货次数，导致存货购进成本增加。所以订货量的增减并不是使存货的购进成本和储存成本同时增减，最佳的订货量应该是使存货总的持有成本保持在最低水平。

四、存货控制的 ABC 管理法

采用 ABC 管理法对存货进行管理，同样是遵循"保证重点，照顾一般"的原则，用科学的分类方法，将重点存货与一般存货加以划分，分别进行管理。

存货 ABC 分类的标准主要有两个：一是金额标准；二是品种数量标准。其中，金额标准是最基本的，品种数量标准仅作为参考。具体分类方法是：A 类，金额巨大，但品种数量较少的存货（品种数量占总品种数量的 10% 左右，金额占总金额的 70% 左右）；C 类，金额微小，但品种数量众多的存货（品种数量占总品种数量的 70% 左右，金额占总金额的 10% 左右）；B 类，介于 A、C 两类之间的存货（品种数量占总品种数量的 20% 左右，金额占总金额的 20% 左右）。

把存货划分 A、B、C 三大类，目的是实现最经济、最有效的管理。

第五章

农村金融支持农村经济发展的作用机制与对策建议

第一节 农村金融支持农村经济发展的作用机理

一、农村金融对农村经济发展的促进作用

1. 融资功能

农村居民的收入主要用于日常消费和投资（将收入存入金融机构也是投资的一种类型）。当农村金融发展缓慢时，大部分农民会将收入存入金融机构，以此作为主要的投资方式来保证自身的基本利益不受损害。但是，对农民而言，这种投资方式的增值率过低，无法大幅增加农民的收入。融资功能是金融机构具有的基本功能之一，农村金融机构可以借助该功能为农民提供各种融资方式，保证农民可以在享受各种金融服务的同时，快速积累财富，从而促进农村经济增长。

对一个金融机构而言，其体系越完善越有利于其融资功能的发挥，其向市场提供的信贷就越多，借贷者从金融机构获得的资金就越多。因此，农民可以通过向农村金融机构借贷的方式以获取用于扩大自身生产规模的资金，从而增加自身收入，促进农村经济的增长。

具体而言，农村金融机构的融资功能具有以下两个作用。第一，农村金融的融资功能可以解决当前我国农村资金分散的问题。借助这一功能，资金的提供者可以通过利率的提高来增加财富，资金的使用者可以通过获得更多的资金来扩大自身的生产和投资规模，如此循环，农村资金就会越来越集中。第二，由于农业生产是季节性特征十分明显的活动，这一特征使农村资金的供求表现出很强的时间性：农忙时资金严重不足，农闲时资金充足却没有增加收入的方式。因此，农村金融机构可以利用融资功能合理地安排农民手中闲置的资金，在农忙时为农民提供资金支持，在农闲时帮助农民创造收入。

农村金融机构在农村金融市场进行融资的具体流程是：吸收区域内存款，并以贷款的形式将其投资给需要资金的企业和个人（投资过程承担一定的风险），使资金得以流转，以此创造经济效益。农村金融机构借助这一功能，能充当资金需求方和资金供应方之间的中介，通过金融转换的方式，实现区域内资金的循环利用。总的来说，农村金融机构的融资功能可以满足资金供求双方的需求，进一步改善农村储蓄者与农村资金需求者之间的关系，从而推动农村经济发展。

2. 提高资金使用效率

农村金融对农村经济发展的支持作用在很大程度上由资金的使用效率决定。在农村，不同的地区、行业、市场主体决定了其对资金具有不同的需求。部分农村地区存在资金闲置过多的现象，造成了资金浪费；有的地区由于资金短缺，经济发展受到了阻碍。而农村金融机构可以通过为农民提供更多的投资渠道，将农村的闲置资金聚集起来，然后根据不同地区的实际发展需要进行合理的分配，能有效地提高农村地区的资金使用效率，从而带动农村经济增长。

3. 促进农业科技进步和农业生产率提高

以往由于农业科技发展缓慢、农村资金分散，使农民无法利用合适的生产技术来提高农业生产率，进而导致农民收入难以增加，减缓了农村经济发展的速度。农村金融机构的出现不仅解决了农业技术研发资金短缺的问题，促进了农业科技进步，并借助其权威性，减少了先进农业技术推广与应用过程中的阻碍，加快了农业的产业化进程，提高了农业生产率，增加了农民的收入，进而带动了农村经济和金融的快速发展。

二、基于金融深化理论的农村金融支持农村经济发展的作用机制

（一）金融深化的内涵

1. 金融深化的定义

金融深化理论是一个动态的概念，其大致上可以分为三个层次：一是金融增长，即金融规模的不断扩大；二是金融机构数量的增加与金融结构的优化；三是政府逐步放松对金融体系的控制，使金融体系在市场自发性的推动下逐步完善，最终使金融效率得到提高。

2. 金融深化的原因与动力

（1）信息不对称

信息不对称，是指进行交易的双方所掌握的交易信息数量不同。在市场经济活动中，信息不对称通常导致拥有市场信息较多的一方在交易过程中占据主导地位，并且有可能会损害拥有市场信息较少的一方的利益。在市场中此类例子有很多，最经典的还是二手车交易市场的例子，这也使经济学界首次认识到信息不对称所带来的弊端。二手车交易市场的例子具体是指：在买卖二手车时，卖方比买方更了解车辆的质量等信息，因此卖方通常对车辆有一个心理价位，且质量越好心理价位越高；而买方没有足够的信息作为支撑来判断车辆的质量，这使其处于被动状态，只能依照市场上普遍的价格进行交易。当买方出价低于卖方心理价位时，卖方坚信车辆的价值要高于此，因此不会卖出；当买方出价高于卖方心理价位时，卖方会很乐意卖出，但买方会因此买下实际价值低于购买价格的车辆。这样一来，二手车质量越差，就越容易进入市场，但由于二手车质量过差，使买车的人越来越少，最终导致二手车交易市场难以发展。

（2）交易成本

交易成本是指在一定的社会关系中，人们自愿交往、彼此合作达成交易所支付的全部时间成本和货币成本，具体包括传播信息、广告、与市场有关的运输，以及谈判、协商、签约、合约执行的监督等活动所花费的成本。金融机构进行交易的前提是交易所获得的投资收益与自身花费的时间和精力成正比。随着信息时代的到来，以及科学技术的不断更新，人们进行交易的成本将越来越低。

3. 金融深化的表现

金融深化的主要表现是金融机构职能的细化和金融机构专业性的增强，如金融机构从同时负责储蓄、投资等多方面金融业务发展到只负责证券投资和股票等固定几种金融业务，这样一来，金融机构的数量也会随之迅速增加。金融机构数量的增加不仅表示金融交易方式的多样化，而且也表示金融供求范围的扩大，从而推动新的金融产品和金融机构的出现，进一步实现金融市场发展的良性循环。具体来讲，金融深化可以表现在以下四个方面。

（1）建立专业的生产和销售信息的机构

信息不对称是市场交易过程中普遍存在的现象，要想解决这一问题，关键在于要建立一个交易商制度。在金融领域，交易商是指以收集、销售、评价融资主体信息为经营业务的机构，即专业的收集和销售信息的机构。建立专业的收集和销售信息的机构是改正现有金融机构不足的重要方式，也是金融深化的突出表现。当然，这样做并不能完全解决信息不对称的问题，如有些投资者会跟随购买信息者进行投资，这在经济学界被称为"搭便车"行为，由于没有保证，这样的行为很有可能会给跟随者造成损失。

（2）政府采取措施进行管理

通过经济学家对金融深化理论研究发现，如果政府将金融的管制完全放开，对金融体系的发展来说是弊大于利的。因此，政府应该采取措施对金融进行宏观调控，这也是金融深化的重要表现之一。需要注意的是，金融深化环境下的政府管制与金融抑制环境下的政府管制存在较大差异：金融深化环境下的政府管制以制定和执行统一的会计标准、信息披露标准为主，其在金融市场中所起到的是博弈、判断的作用。金融抑制环境下的政府管制往往采取行政配置信贷资金的手段，将相对稀缺的资金分配给政府意愿的领域，其在金融市场中所起到的是调控的作用。

（3）金融中介的出现

在我国金融体系改革的过程中，金融中介的出现是金融深化的突出表现之一。金融中介的作用是：实现资金流与物流、信息流的高效整合与匹配；使资源配置效率化；推动企业组织的合理发展。由于金融中介在经营方面具有明显的中介性质，在业务方面表现出明显的分工性质，从而使其与其他金融机构区分开来。总的来说，金融中介的出现不仅表明了我国金融体系越来越健全，而且进一步明确了我国金融市场中金融业务的分工，是我国金融深化改革的重要成果。

（4）限制条款、抵押和资本净值

为了对金融市场中的交易行为形成有效的外在约束，在我国金融深化改革的过程中，金融市场内大多数的交易合约条款变得越来越细化，对经营方面的限制条例也越来越多。此外，由于金融交易本身存在不稳定性，在交易的过程中容易出现资金回流困难等问题，如借款人找借口不归还借款或者擅自将有约定用处的资金挪作他用等。为了避免发生此类事件，贷款人可以在双方签订的合同中设置限制性条款。限制性条款的主要内容有两方面：一是限制、约束借款人从事某些违法的活动或者高风险的经济活动、投资活动等；二是鼓励借款人采取正确的经营方式，以保证贷款能如期归还，使借款人树立按期归还的信用意识，形成良好的信用品质。具体做法包括：要求相关的监管部门对借款人的经营状况及资金流动进行监管，以此来确保借款人的合法经营，并明确资金的流向和用途。

综上所述，金融深化的一个典型特征就是金融体系的发展交由市场决定，但在缺少外在因素约束的情况下，金融体系必将朝着单纯的资本运作的方向发展，这不利于社会生产性投资的扩大，因此采取措施对金融体系进行限制既是金融深化的表现，又是金融深化的重要内容。

（二）基于金融深化理论的农村金融支持农村经济发展作用机制的逻辑模型

农村金融中介机构出现的原因有两个：一是在交易的过程中，购买方对所要进行交易的物品并不了解，从而导致了信息不对称的现象出现；二是由于金融市场中的交易成本逐渐增加，使交易成交数量逐渐减少。农村金融中介机构的出现在一定程度上解决了信息不对称的问题，促进了交易成交数量的增加，进而推动了农村经济的发展。与此同时，农村金融机构可以通过市场作用影响金融体系的发展规模、交易结构和交易效率，进而促进农村经济的发展。此外，金融深化可以通过增加资金储蓄、增加金融投资、完善资源配置等形式来促进农村经济的增长。

1. 农村金融深化的投资效应

第一，农村金融深化改革与农村金融市场的发展及农业的发展存在连锁关系。农村金融深化改革可以提高农村金融市场的发展速度，农村金融市场的快速发展又会促进农业技术、农业工具及与农业相关的金融服务向着多元化、差异化的方向发展。此外，进行农村金融深化改革不仅可以通过发展农村金融市场为农民开辟更多的投资渠道，还可以为农民投资提供更多的选择，从而实现农村财富的迅速积累。

第二，农村金融深化改革能减少农村地区在储蓄过程中存在的信息不对称，解决投资者对投资内容了解到的信息与实际信息不相符的问题。实际上，正是因为农村金融深化改革的影响，才使我国农村金融产品的种类得以不断增加，且产品内容愈加丰富；提高了我国大部分农村金融机构的服务效率及产品研发效率，进而促使我国农村金融机构吸收的存款越来越多；帮助农民认识到更多类型的农村金融业务，享受到更优质的金融服务。虽然在有些情况下可以认为，当农村金融机构具备一定储蓄能力时，其储蓄转化能力可以决定该地区的投资质量及投资水平，但是我国农村金融机构的结构在很大程度上会影响其储蓄转换投资的方向。就目前的情况来看，如果在后续的发展中可以解决农村储蓄者与农村金融机构之间信息不对称这一问题，不仅可以同时降低双方的投资风险，还可以提高储蓄资金在农村金融市场中的转化效率，提高农村投资资金的流动效率。

第三，从金融深化理论的角度来看，农村金融中介和农村金融市场的发展可以推动农村储蓄资源转化为农村投资资源的效率及比例，具体过程为：农村金融机构先吸收农村地区的存款，通过自身的转换功能，将这些存款转化为农村投资资金，再投放到农村地区，用于进行农业建设或者满足农民的金融需求。这样不仅可以降低交易成本，而且可以解决交易过程中的信息不对称等一系列问题。也就是说，只要保证我国农村金融机构的发展方向是正确的、稳定的，就可以避免农村金融市场对农村经济发展造成的负面影响，从而进一步增加我国农村地区的经济收入。

2. 农村金融深化的资源配置效应

农村金融主要是通过发挥其资源配置功能来达到推动农村经济增长的目的的，而农村金融深化的直接影响就是可以使农村金融产生资源配置效应。在农村金融体系健康发展的情况下，农村金融可以自行配置农村金融市场中的资金，从而实现资源的最高利用率，具体流程为：农村金融体系首先通过一定的手段甄别并评估某个企业或某个投资项目，其次对其进行监督，以确保该项目确实可以带来经济效益，或者了解该企业的发展情况，最后将资金尽量分配给生产效率较高的企业或项目，以此提高农村金融体系资金投入的资本边际效率。在这一过程中，农村金融中介的主要作用是收集信息，并对收集到的信息进行分析，从而合理、有效地解决交易双方信息不对称的问题，为交易双方提供较为完美的解决方案。此外，这样做还可以进一步提高我国农村金融市场中的资金利用率，降低农村地区资金在流动过程中存在的风险。

在农村金融市场的发展过程中，一方面，我国农村金融体系引导着我国农村金融市场的发展方向，可以降低农村地区金融交易的成本和风险，为我国众多农村金融机构的发展提供途径，为农村地区信息的交流开拓渠道；另一方面，我国农村金融体系可以为投资者提供风险分担、资源共享的机会，不仅可以保证投资者自身财产的安全，也可以提高投资者们的投资积极性。

农村金融体系通过对农村地区资源、资金进行合理配置的方式，既可以促进经济生产效率较高的企业的发展，也能降低这些企业运营过程中的风险，增加其投资的收益。随着农村金融市场的不断发展，虽然出现了诸多新的技术，但是这些技术往往具有两面性，既带来了丰厚的利润，又隐藏着新的风险。面对此类问题，只要我国农村金融体系坚持以合作为主的方针，为农村金融机构和农村金融市场积极地提供增加融资渠道和降低融资风险的帮助，就可以在很大程度上鼓励我国农村金融市场的技术创新，进而提高农村地区的资本边际生产效率。

总的来说，农村金融深化可以优化农村金融市场中的资源配置，使农村金融体系得以进一步完善，从而促进我国农村经济发展。

3. 农村金融深化对储蓄率的影响

虽然农村金融深化可以使农村地区的金融市场更加发达、金融机构的数量增多、金融产品的种类更加丰富，从而提升农村地区的存款利率，但是这不代表只要进行农村金融深化就一定会提升农村地区的存款利率。结合实际来看，随着农村金融深化程度的加深，由于农村金融机构可以为农民提供更多的投资渠道，为了获得更多的利益，比起单纯的储蓄收入来说，农民更倾向于将闲置资金用于投资，从而导致了农村地区的存款利率有所下降。

第二节 发展农村金融的对策建议

一、进一步扩大农村金融发展规模

要想使我国农村金融能更加稳定地发展，政府需要在我国金融发展相对落后的领域构建合理的金融组织体系。也就是说，建立层次分明、运作效率高、金融服务多元化的农村金融体系，是建设我国社会主义新农村的重要途径，是解决我国"三农"问题的最佳方法，也是我国新时期对农村金融进行改革的重要步骤。

（一）健全多层次农村金融组织体系

1. 加快农村信用社的改革与发展

农村信用社在成立之初是农村劳动人民根据自愿互利原则组织起来的资金互助组织。在加快农村信用社改革与发展的过程中，政府已经恢复了我国农村信用社的合作性质，以此指明农村信用社的发展方向及其改革的主要方向。政府还需要提高各类人群对农村信用社的认识，使其认识到农村信用社是普遍存在于农村中，且与农民关系最为密切的金融组织，以此鼓励人们积极接受农村信用社提供的金融服务。而农村信用社在经营的过程中，也需要认真地衡量各方的利益，在考虑到互助性及便捷性的基础上，通过政府提出的相关金融扶持政策来提高自身的服务水平和质量，并在提升服务质量的过程中发挥自身优势，加快自身体制的完善。

我国进行农村金融改革的主要目的是把农村信用社办成产权清晰、管理科学、约束机制强、财务上可持续发展、坚持商业化原则、主要为农业提供服务的金融机构。此次改革有以下四个重点：第一，要从解决农村信用社自身目标冲突问题开始，将为农业服务作为其立足的根本，并树立为农民服务的科学理念；第二，要规范农村信用社的产权制度和组织机构，农村信用社要按照股权结构多元化、投资主体多元化原则进行经营；第三，根据地区情况的不同，将产权形式合理地转换，将产权明晰、法人治理结构完善落实到农村信用社内部的管理责任制度上；第四，要规范农村信用社内部的管理制度，强化其约束机制，增加其业务的数量和品种，从而提高农村信用社对农村地区的服务质量和服务水平。总而言之，政府要将农村信用社为农民和农业提供服务的这一目标落到实处。

2. 准确定位农业发展银行的服务功能

在农村金融体系中，政策性金融机构是非常重要的，其不仅可以促进农村地区的金融发展，还可以在一定程度上弥补市场失灵的弊端。农业发展银行作为为我国农业提供服务的政策性金融机构，需要在农村金融发展的过程中起到引领的作用，为农村金融改革与发展提供一定的方向与指导。

从服务功能来看，农业发展银行的服务功能是以政策性的金融业务为主，全面调整自身的金融业务，将建立长期开发资金渠道、引导农业生产、调整农业产业结构三项内容设为主要的工作任务，同时在各个方面为"三农"问题提供全方位的服务。只有在我国农村金融改革与发展的过程中明确了农业发展银行的定位及其服务功能，才能切实地维护农民在经营中的利益，并将政府的各种扶持政策和优惠政策落到实处。

综上所述，政府应调整农业发展银行的职能定位，加大政策性信贷支农力度，从而有效地扩大农村金融供给，深化农村金融改革。具体而言，政府要想发展农业发展银行，应从我国基本国情出发，在借鉴国外政策性金融的运作经验的基础上，充分发挥其在粮食流通领域和农村金融领域的支持作用，将其从单纯的粮、棉、油收购银行转变为服务于农业开发、农村基础建设、农村生态环境建设、农业产业升级、农产品进出口的综合性政策银行，从而强化其在农业生产中的作用，促进农业产业化发展。

3. 加强中国农业银行的业务整合

农业银行在向商业股份制银行转型的过程中，其工作重心和工作方向逐渐远离了"三农"工作。然而，农业银行作为国有商业银行中专门为农业服务的银行，是与农业、农民最为紧密的存在，理应为我国"三农"工作提供大量的资金和服务。因此，在建设新农村时期，只有保证农业银行的金融业务完整且具体到位，我国的农村金融问题才能得到更好的解决。具体而言，政府应通过业务整合来加大对我国解决"三农"问题的支持力度，还需要保障农业银行在农村金融体系发展中的引领地位，以此将农业银行自身的优势和引导效果发挥到最大。

4. 引导并规范非正规金融机构的工作

前文提及，因为在改革的过程中农村信用社所具有的经济实力不足以支撑我国农村地区居民和乡镇企业的金融需求，所以农村非正规金融机构获得了一定的发展空间和发展机遇。但是，由于农村非正规金融机构存在严重的经营问题和极大的风险，有可能给我国农村金融造成重大风险。为此，我国政府应加大对农村非正规金融机构的管制，在给予其足够发展空间的情况下，使其经营的范围和内容更加合理、合法，以此保障我国农村金融的健康发展，降低农村非正规金融机构进行贷款服务时的交易成本，降低交易过程中农村非正规金融机构和农民所面临的风险。同时，这些举措也可以在一定程度上预防地方性的金融危机和金融动荡，进一步完善我国农村金融组织体系，建立完善的农业保障制度，使农村金融市场向着多元化的方向发展，增强农村金融市场的竞争力。

5. 建设并完善农村金融法律保障体系

完善我国农村地区的法制制度是促进农业经济发展的重要保障，具体可以从以下四个方面着手：第一，政府需要完善保护农业产业的法律，借助法律的约束力，提高农业在国民经济中的地位，使农业得到中央政府与地方政府更多的支持；第二，政府可以制定农业投资法，使农业从国家获得的资金支持更具法律效应，并通过立法规定中央、地方的经济组织以及农民对农业的投资责任；第三，政府可以推动诚信的法治建设，以此保证农村金融机构的资金安全；第四，政府应该完善以金融机构为核心的相关法律和行政法规，以此增强执法环境的稳定性，为农村金融及农村资金的流动扫除制度性障碍。

6. 建立并完善我国金融保险保障体系

我国农业保障制度可以在我国农业对外开放及各种自然灾害发生时，为我国农村地区的经济发展及社会稳定提供一系列的保障。但是，我国现有的农业保障制度不足以全面预防和应对金融风险和自然灾害，要想实现全面的保障，政府需要完善我国农村金融保险保障体系。具体而言，我国农村金融机构需要对新的金融业务进行风险分析，同时政府需要建立健全农业保障制度，以此增强农民的风险抵御能力，使农业保障制度向着农村政策性保险的方向发展，使我国各种保险机构能独力承担各种农业保险的业务，最终共同促进我国农村经济和金融的发展。

（二）大力完善农村金融市场体系

要想完善农村金融市场体系，需要从拓宽农村融资渠道和改进我国农村金融信贷投放模式、丰富农村金融产品、提高农村金融服务水平等方面入手。这里仅分析拓宽农村融资渠道和改进我国农村金融信贷投放模式两种方式。

1. 拓宽农村融资渠道

融资渠道可以分为间接融资渠道和直接融资渠道两类。其中，间接融资是当前我国金融市场中的主要融资方式，也是现阶段我国经济发展中企业、组织及自然人的主要融资方式。间接融资在一定程度上可以促进我国经济的发展。基于此，为了完善我国农村金融市场体系，在新时期农村金融改革的过程中，政府应该进一步降低对农村间接融资的管制，拓宽农村间接融资渠道，充分利用现有的农村金融市场中的资本，结合农村间接融资和直接融资的方式，为农村地区的企业提供一系列便捷的金融服务，以此培养出一批优秀的农业产业，促进我国农业的发展。

2. 改进我国农村金融信贷投放模式

我国农村的金融需求是多种多样的，因此政府应提高各类农村金融机构的服务水平，丰富各类农村金融机构的产品种类，以此充分发挥农村金融机构的功能，增强我国农村金融机构对农村金融市场发展的促进作用。具体的实施策略包括以下三个方面。

第一，农村金融机构应该加快网络建设的步伐，使各种电子商业服务更加迅速便捷，以此简化农民享受金融业务的手续和环节。

第二，农村金融机构应该加快农村地区的银行卡、网上银行、债券、股票、基金等业务的创立，以此将现代金融产品引入农村金融市场中，使各种便捷的费用缴纳及理财产品都能切实地落到每一位农民身上。

第三，农村金融机构应该仔细地分析农民的金融需求，并根据实际情况为农民制订合理的金融服务方案，并在适时的阶段推出期货融资产品，以此完善、丰富农村金融的服务种类。

（三）构建高效的农村金融监管体系

在当前农村金融体系改革的过程中，我国政府放松了对农村金融市场的金融管制，并且进一步降低了农村金融市场的准入门槛，对相关的金融运作方式也做出了一系列的规范。政府应采用各种扶持政策及新的金融政策，作为提高我国农村金融和经济发展效率的支撑，以此加快构建农村金融监管体系的步伐，进一步保障农村金融体系的稳定运行，促进农村经济的科学发展。

1. 健全农村金融监管法制体系

要想实现以法律作为农村金融监管的保障，加大对农村金融的监管力度，我国政府需要在改革农村金融体系的同时，合理地修正、完善金融监管的法律法规，并规范农村金融市场的法律维护程序及法律执行秩序；必须将政策金融法和合作金融法的立法设为首要工作，快速地制定有关农村非正规金融的法律法规，以此维护农村金融市场的合理运行，并通过这些法规规范和指导农村金融市场，引领农村金融体系向着科学的方向发展。

我国政府所进行的财政投资是一种经济活动。这种经济活动可以帮助政府实现特定领域内的社会经济职能，同时对资金进行合理的利用和配置，可以反映出政府作为分配主体，按照信用原则和社会需求对现有金融产品进行的分配方式。从本质上来看，财政投资可以归为国家分配的范畴。然而，在此之前我国政府对相关资金的支出并没有建立一个完整的监管体系，造成了大量资源被浪费。因此，政府应该建立合理的资金使用监管制度，以此来控制农村金融机构的资金投入，提高资金的利用率，完善我国的财政投资体系，进一步促进农村地区金融和经济的发展。

2. 树立全新的农村金融监管思想

因为我国农村金融发展的过程中经常出现一些特殊情况，农村金融监管体系需要根据实际情况适时转变，所以政府应树立全新的农村金融监管思想。具体而言，全新的农村金融监管思想应包括以下四点：第一，在合理安排任务的过程中，防范未知风险，加快监管思想的转变；第二，由全面控制的封闭型的垄断思想向全面开放的透明的思想转变，但应注意不能透露国家机密和商业秘密，在信息公布之前必须获得国家机关和有关金融部门的认可；第三，将重点监管思想转变为全面监管思想，即无论是大事小事都应保持同一态度对待；第四，由随机监管思想转变为制度监管思想，也就是说，金融监管体系不能对监管内容放松，要全面掌控金融市场的发展，以此达到最佳的监管效果。

除了上述建议之外，政府可以采取相关的宣传手段来增强农村金融机构的自我控制意识和行业自律意识，还可以通过媒体及社会相关人士的监督进一步强化对农村金融市场中金融机构的监管力度。

二、提高农村金融服务"三农"的效率

（一）加大农村金融发展的政策扶持力度

即使是我国金融信用贷款的利率处于最低水平，也仍有很多农民不能承受，因此政府需要强制性地降低金融信用贷款的利率，并考虑到农业投入的性质和金融资本的安全性、流动性、收益性等特性，采用合理的政策手段来改变现有的制度，以增强农村金融市场的稳固性，改进农村金融体系中存在的不足。总体而言，由借鉴国际上其他国家发展农村金融的经验可知，政府加大政策扶持力度的手段可以是制定强制的条约，要求部分农村金融机构开办优惠的农村储蓄业务，且这部分农村金融机构必须按照固定的利率为农民或乡镇企业提供信用贷款。具体而言，政府可以从以下三个方面着手，加大扶持力度。

1. 地方政府拥有一定的金融调控权

在农村金融发展的过程中，中央政府应给予地方政府一定的金融调控权，该调控权不仅能保证在经济发生动荡时，政府能制定出合理的政策来解决现有问题，还能防止政府的短期干扰对农村金融市场造成的干扰过度的问题。总的来说，地方政府需要有一定的权限在一定的范围内对农村金融市场进行调控，以此保证农村金融市场的健康发展，同时为我国"三农"服务提供更多的便捷途径，维持农村金融和经济的稳定发展。

此外，地方政府可以利用财政政策对农村金融进行补偿，将扶持农业经济发展的补贴

切实发放到农民手中，同时还要通过对农村金融的政策扶持和补贴来实现对农村金融的保护，发挥财政在农村金融市场中的杠杆作用，增强农民对未知风险的抵抗能力及自身的信用意识，为农村金融市场创造更好的信用环境，以此引导农村金融市场向着正确的方向发展。

2. 建立农村金融补偿机制

在农村金融改革的过程中，由于我国经济体制的问题，很多资金都被投向城市，使农村的经济发展较为落后，支持农业产业化发展的资金越来越少。对此，我国政府需要制定一系列有效的政策，引导更多资金流回农村，用于农村金融市场及农村经济的发展。同时，政府还应采取合理的政策来调整农村地区的贷款额度、调节贷款利率，切实落实我国的补贴政策，促进农村地区的金融发展。

3. 执行更为灵活的货币政策，引导资金回流农村

通过一定的政策手段，可以保障我国农村资金应用到农村的经济发展中，保障农村储备资金的回流。基于此，政府可以采取各种金融工具对农村资金进行掌控和调节。考虑到调节的周期问题，政府可以制定一些金融优惠或者补贴政策，以期在调节的同时，缓解农村金融资金紧张的问题。

（二）进一步优化农村金融发展环境

任何事物的发展都会受到其所在环境的影响，要想使我国农村金融发展更加稳定，政府需要在树立良好的农民信用意识的同时，构建社会信用环境，通过社会信用环境的影响，使农村金融机构可以放心地对农民或者小型乡镇企业进行贷款投放，同时也保证了农村金融机构及农民的资产安全，使我国农村金融市场可以更加稳定地发展。在构建社会信用环境的过程中，政府应根据现实需要对各类情况进行严格把控，将工作落实到实处。

总的来说，在农村金融改革的新时期，政府应将有关于信用建设的工作重心放在以下四个方面。

1. 加快我国总体信用体系的建设

要想加快我国总体信用体系的建设，政府应从建设信用信息库、信息披露和失信惩戒等多方面入手，努力完善农村信用体系。具体而言，可以从三个方面入手：第一，政府应建立我国企业和个人的信用档案，并通过相关部门对资料进行审核，对企业和个人进行信用评估，并定期将评估结果向社会公布，接受社会各方面、各层次的监督，以此来增强社会整体的诚信意识；第二，政府需要主导建立信用信息库，以及相应的农村金融机构之间的信息共享和协调平台，降低银行诚信成本；第三，政府应根据农民或企业所评定的信用

等级发放贷款，以此来促进农村的信用环境和谐发展。

2. 建立健全省—市—乡—街道四级信用担保体系

政府应建立健全省—市—乡—街道四级信用担保体系，促进小型企业贷款担保体系及担保机构的形成，支持一些担保机构对小型企业发放贷款，同时引导并建立一些具有互助性质的担保公司，以此积极推行企业之间互相担保的制度，解决小型企业贷款中因缺乏担保而导致的贷款难的问题。这样做不仅可以加强对借款人的约束，同时还可以保证提供贷款的农村金融机构的资金安全。

3. 加强金融安全区的创建

在监督的过程中，政府应该将企业和个人的信用与其形象相结合，将人品、道德及法律等内容全部融入透明的监督体系，并引导群众和社会各个层面成为监督者，形成一种具有强制力的约束，从而使贷款对象养成自觉还款的意识，降低交易过程中的成本损耗。

4. 严厉打击逃避金融债务的行为

对逃避金融债务的行为，政府应该严格处理，追究到底，通过相关的条例和法律规定来保障企业或个人在金融市场交易中的资产安全。同时，政府还应该适当加大对诚信缺失、逃避债务等行为的处罚力度，即使提高成本也要处理好债务逃避问题的意识，为我国农村金融发展创立一个良好的信用环境。

三、努力提高农村投资效率

1. 增加农业生产投资补贴

随着"三农"问题的不断升级，我国各级政府对农业生产的补贴逐渐增加。这样做一方面稳定了农村地区的经济发展，另一方面加快了我国农业生产的脚步。就目前国内的农村经济发展情况来看，我国的农业补贴政策还有很大的提升空间，政府应该进一步对现有的农村环境进行优化，扩大农村经济需求，调整农村经济结构，转变农业发展方式。

2. 根据地域特点提高基础设施投资效率

研究表明，我国东部农村地区大多已经实现了现代农业的标准化，提高了农业生产技术的水平，完善了农村的公共服务体系，加大了农村村容村貌的整治力度；对相对落后的我国中东及西部地区而言，在进行农村基础设施投资时，政府应以当地农村实际的投资战略为基础，根据地域特点提高基础设施投资效率。

对我国中部地区，政府应根据该地区的特殊情况，提高水利工程的建设效率，同时，提高综合农业的生产能力，以此来提高当地人民的生产和生活水平。

对我国西部地区，当地气候独特，因此政府应将改革的初期重心放在提升当地人民的生活水平上，进而在保障人民温饱的情况下发展当地的特色农业，提高农业生产水平，以此达到使该地区快速脱贫的目的。同时，政府还要加强对西部地区生态文明及文化方面的建设，积极将各种新技术及惠民政策引入西部地区，提高当地政府对各项政策的实施效率，进而提高当地人民的生活水平。

3. 提高农村劳动力素质

从经济发展的规律来看，要想使农村经济和金融得到快速发展，政府需要增强当地的经济建设，引入更多的先进生产技术。这就涉及了当地农村劳动力的素质问题，只有切实地提高当地农村劳动力的素质，才能进一步发挥生产技术的优势，从而进一步缩小城乡之间的差距。

4. 提高农村科研投资效率

我国作为世界上首屈一指的农业大国，在发展农业的过程中主要有三个手段：一是政策；二是科技；三是投入。其中，通过科技手段解决相关的问题是非常可行的，政府应加大对农村急需的农业技术的研究力度，同时制定高效的协调沟通政策，实现科研活动效益的最大化。

总的来说，政府应合理调控对农村地区的科研投资力度，不能将绝大部分的资源都放在对粮食等作物的研究上，而应将相关的生产技术及经济转变技术作为研究的重点，以此创造出新的农村经济发展机制，进一步提高农业生产的经济收益。此外，政府还应根据农村的实际需求进行合理的资金投入，只有根据当地实际情况进行技术研究，才能切实解决当地发展所面临的各种问题，进而通过科研技术，进一步提高当地人民的生活水平。

四、加快农村金融产品创新步伐

我国农村现有的金融机构在信贷产品方面的创新力度仍有欠缺，需要加快产品创新的步伐，并根据实际情况有效地解决农民所面临的问题，提升自身金融服务水平。

1. 信用共同体贷款

这种贷款方式借鉴了孟加拉国格莱珉银行的小额信贷方式，具体流程为：农村金融机构对信用共同体成员进行考察后，在全部成员对该笔贷款进行担保的前提下，将贷款发放给贷款人，如果贷款没有及时归还或者出现讨债情况时，就需要所有的成员承担责任。这种贷款方式的好处是利用团体中成员之间的相互信任与每名成员的责任意识，合理地降低了个人借贷所产生的违约风险。这样一来，农村金融机构既可以提供更大金额的贷款满足农民的需求，也可以保证较高的还贷率，从而保证农村金融机构的利益不受损害。

2. 收费权质押贷款

这种贷款方式的关键在于质押，是指贷款人自身具有一定的收费权限，并以该收费权限作为抵押物向农村金融机构申请贷款。当贷款人不能履行债务时，农村金融机构有权依据合同的约定，以转让该收费权所得价款或直接获取收费款项保证自身利益不受损害。对这种贷款方式而言，《中华人民共和国担保法》中有明确的规定，能有效保障农村金融机构在利益不受损的前提下发放贷款。

3. 股权质押贷款

这种贷款方式与收费权质押贷款方式类似，都是贷款人向农村金融机构抵押自身一定权利来获得贷款。不同的是，这种贷款方式是以借款人持有的公司股份或者责任公司股份为担保，向农村金融机构进行贷款申请。

4. 土地承包经营权抵押贷款

这种贷款方式主要是指贷款人具有土地承包经营权或依法获得了该土地的承包经营权，并以土地的经营权作为抵押向农村金融机构申请贷款。但是，就我国农村现状而言，由于有些地区的土地承包经营权仍未改革，这种贷款方式仍存在很多问题，不过，在土地承包经营权的改革遍及全国后，这种贷款方式可能会发挥巨大的作用。

5. 出口退税质押贷款

这种贷款方式主要是指出口企业以其享受的符合国家政策规定的出口退税应收款作为质押，向农村金融机构申请贷款，以解决企业在资金短缺或者前期经营困难的情况下所面临的贷款问题。

第六章

农产品营销与流通

第一节　农产品市场

一、农产品市场体系概况

1. 农产品市场体系的概念

农产品市场从狭义上讲，是指农产品交易的场所，从广义上讲是指实现农产品价值和使用价值的各种交换关系的总和。

农产品市场体系是指由市场主体、市场客体、市场机制、市场组织和市场类型等构成的综合体，是流通领域内农产品经营、交易、管理、服务等组织系统与结构形式的总和，是沟通农产品生产与消费的桥梁，是现代农业发展的重要支撑体系之一。

2. 我国农产品市场体系建设进展

自改革开放以来，我国农产品市场体系得到了较快发展。

（1）农产品市场主体多元化格局已经形成

农产品市场主体由过去计划经济体制下国营商业和供销合作社等商业组织一统天下的格局逐步向多元化格局转变，农产品市场主体多元化趋势日益明显。中粮集团等国有控股企业和供销合作社等在农产品市场流通中仍然发挥着重要作用；民营流通企业、农民个体运销户、经纪人日趋活跃；农民专业合作社、农业产业化龙头企业愈显重要。

（2）农产品市场体系逐步完善

农产品集贸市场条件改善，批发市场数量增多，零售市场逐步规范，农产品期货市场导向作用开始得到发挥，连锁经营超市快速发展。全国农产品交易额亿元以上的批发市场有近2000家，市场年成交额不断提高；露天的马路市场和简易市场逐渐被具有固定场所和设施的规范市场取代。

（3）农产品交易方式逐步多样化

已由传统的集市贸易扩大到专业批发、跨区域贸易、订单购销、期货交易和拍卖交易等方式，流通配送、连锁经营、经纪人代理、电子商务、网上交易等营销方式发展迅速。一些大城市超市农产品的销售量已占到当地农产品零售总量的二分之一。

（4）市场基础设施建设逐步完善

在政府部门的引导和鼓励下，企业和社会资本也开始积极涉足农产品市场建设和管理，市场机制的作用在农产品市场建设中得到充分体现，企业办市场、企业管市场的农产品市场投资模式极大地改善了农产品市场基础设施，使农产品市场基础设施获得了稳定的、可持续的投资来源。

（5）市场服务体系全面加强

农产品运销"绿色通道"逐步建立，农产品市场信息体系日趋完善，农业信息组织机构体系逐步建立，农业信息采集系统初步形成。

（6）农产品市场开放程度不断提高

我国农产品市场与世界农产品市场逐步接轨，关联程度日益增强，农业贸易依存度逐年增加。

以农产品集贸市场为基础、以批发市场为骨干、以农民经纪人队伍和流通组织为中介的农产品市场体系基本形成。

二、农产品市场体系的构成

这里主要是指农产品市场的组织和类型构成。目前，我国农产品市场体系主要由农产品批发市场、农产品集贸市场、农产品零售市场和农产品期货市场构成。其中，农产品集贸市场和农产品零售市场是比较传统的市场形式。

（一）农产品集贸市场

1. 农产品集贸市场的含义

农产品集贸市场是在一定的历史条件下，在特定的地区形成的主要进行农副产品交易的场所，是农民直接进入流通、销售农产品的传统的主要渠道。农产品集贸市场多集中在城市郊区、县城、乡镇、中心村等交通便利，具有一定辐射面的地区。在不同时期、不同地区，农产品集贸市场呈现出不同特点。它处于社会结构的基层，最具有农村社会的代表性，其变化发展影响着社会的变迁。在商品经济不发达的漫长历史中，集贸市场多是按照约定的固定日期进行交易，农产品基本是生产者直接在市场销售。农产品集贸市场是广大农民进行交换的主要场所，体现着农民与其他各个方面的经济关系，对农村中的生产、社会分工、农民生活具有极其重要的影响。集贸市场规模的大小、网点分布的疏密，与各种地理条件有着密不可分的联系。

2. 农产品集贸市场的作用

集贸市场作为市场调节的一种有效形式，对促进商品生产起着重要作用。

①能有利地推动商品经济的发展。农户所生产的农产品，有相当大的份额是通过农产品集贸市场销售的。

②扩大农产品流通渠道，促进农业生产。集贸市场为农民提供信息，是引导农民进行生产的"指示器"和"晴雨表"。农民的主要生产经营活动依据集贸市场提供的价格、供求等信息，自行抉择，调节生产经营活动。

③带动第三产业的发展。集贸市场兴办起来的地方，有大批劳动力围绕着市场从事加工业、各种修理服务行业、饮食业以及文化娱乐业等，吸收了大量社会就业人员。

④增强农民的市场观念，造就一大批务工经商人才。集贸市场使农民扩大了同外界的接触，价值观念、竞争观念、信息观念逐步被农民所接受。集贸市场就像一所大学校，使商品生产者和经营者不断增长生产、经营的知识，锻炼了一大批发展商品经济的能人，从而带动更多的人从事商品生产。

⑤方便群众生活，丰富城市居民的"菜篮子"。每年城市居民所需要的主、副食品，有相当人的份额是在集贸市场上购买的，农产品集贸市场已成为人们离不开的购物场所。

⑥加快城镇建设。农产品集贸市场的发展，特别是专业市场的发展，不仅促进了当地经济的发展，而且使市场所在地逐步成为商品集散中心，发挥了集散、中转、储存、加工的多种功能。聚集了第三产业及其从业者，其中不少已发展成为新的城镇。

⑦增加政府财税收入，使农民得到实惠。农产品集贸市场的发展，既为国家培植了税源，又增加了农民收入。

（二）农产品零售市场

1. 农产品零售市场的含义

农产品零售市场又称农产品消费市场，包括专门经营农产品的商场、门市、超市等。它是农产品的最终交易场所，反映着农产品的生产者、加工者、经营者和消费者的多方面经济关系。多集中在城市、工矿区等人口密集地区，许多消费市场往往同中心集散市场结合在一起。

2. 农产品零售市场的主要特点

①市场辐射范围较小，多限于周围的消费并与中心集散市场接近。

②交易方式主要是现货交易，交易数量小。

③在零售市场上，小批发商业和小零售商业是这类市场的主要供应者，部分农产品是生产者直接在市场销售，这类农产品主要是鲜活农产品。

④在超市中，农产品及食品的连锁、配送是其供货的基本形式，市场上以出售已加工的农产品为主，也有部分鲜活农产品。

⑤农产品销售价格高于产地市场和中心批发市场。

这种市场的主要作用是把农产品分销给消费者，最终完成农产品由生产者向消费者的转移。

（三）农产品批发市场

1. 农产品批发市场的含义

农产品批发市场又称中心集散市场，是"有形市场"的一种较高级的市场形式。它是指将来自各产地市场的农产品进一步集中起来，经过加工、储藏与包装，通过销售商分散销往全国各地。该类市场多设在交通便利的地方，如公路、铁路交会处。一般规模比较大，建有较大的交易场所和仓储等配套服务设施。

农产品批发市场一般从农产品贸易的两个发展层次上理解：一是指进行农产品批量集中交易的场所；二是指为农产品进行批量交易提供的一种服务组织。从其发展过程来看，先有场所，后形成组织。当然，农产品交易服务组织的建立又会促进农产品批发市场的发展。这两者结成不可分割的有机统一体，从而构成了现代的农产品批发市场。

2. 农产品批发市场的类型

（1）根据农产品批发市场的交易规模和规范化程度划分

①中央批发市场，又称国家级批发市场，是由政府有关部门进行规范设计而建立起来的，是全国性的农产品批发市场，是规范化程度最高、交易规模最大的一种农产品批发贸易组织形式。这类市场一般位于农产品集中产区、集散中心、加工区和交通运转中心或消费者密集的大城市；一般为官办组织，既可由一个地方政府独立创办，也可由中央政府有关机构和地方政府联合创办，当然也有民间合作团体兴建和管理的中央批发市场；市场中进行买卖的交易者人数不多，但交易批量大；普遍采取会员制度，非会员单位不得进场交易，主要实行拍卖的市场公开竞价方式，有系统规范的管理条例。

②地方批发市场，又称区域性批发市场，是指除中央批发市场以外能达到法定规模的

批发市场。地方批发市场一般设在产地，有露天市场，也可设在建筑物内，并配有一定量的仓储设备。地方批发市场的兴办者可以是当地政府，也可以是各种经济合作组织；其交易批量和规范化程度须达到一定水平；其交易者一般有产品收购商、购销代理商、批发商、地方零售商及部分生产企业。

③自由批发市场，是指除中央和地方批发市场以外的农产品批发市场的统称。其规范性较差；申办较简单，不需特别批准，只要登记注册领取执照便可开办；交易规模较小，甚至进行少量的零售交易。但是，作为一种经济组织，其开设者和入场交易者必须参照有关条例约束自己的行为，因此，也表现出其交易的组织性。我国大部分蔬菜、水果等生、鲜、活农产品批发市场就属于此类。它们大多经地方政府批准，采取官办民办结合或民间独资兴建的方式开设；不实行会员制，交易者自由出入；交易以讨价还价为主。

中央批发市场、地方批发市场和自由批发市场是农产品批量交易规范化程度由高到低、辐射范围由大到小的农产品批发市场的三个层次。它们分别适应不同程度和不同范围内的供求矛盾需要而存在。

（2）根据农产品批发市场的交易产品种类划分

①综合性批发市场：指经营多类或多种农产品的批发市场。

②专业性批发市场：指经营一类或一种农产品及其系列连带产品的批发市场。

（3）根据农产品批发市场的地域特点划分

①产地批发市场：指位于某些农产品集中产区的批发市场，主要作用是向外分解、辐射扩散。进入市场的主要是专业大户、长途贩运者和批发商等。

②中转地批发市场：指处于交通枢纽地或传统集散中心的批发市场，主要作用是连接产地和销地。进入市场的主要是长途贩运者和产地、销地批发商等。

③销地批发市场：指在城市农贸市场基础上发展起来的农产品批发市场，它与消费者距离最接近。进入市场的主要是长途贩运者、批发商和零售商等。

（4）根据农产品批发市场的交易时间划分

①常年性批发市场：指常年开市的批发市场，综合性批发市场通常属于此类。

②季节性批发市场：指因产品上市存在明显的季节性，在集中产区形成的临时性农产品批发市场，如某些瓜果、蔬菜批发市场。

3. 农产品批发市场的功能

（1）商品集散功能

农产品批发市场可以吸引和汇集各地的农产品，在较短的时间内完成其交易过程，然后再把农产品发散到各地。农业生产实行家庭经营，规模小，一家一户生产出来的农产品需要迅速销售出去，以实现其价值；农产品消费也主要是以家庭为单位，规模小而且分散。如果没有农产品批发市场这一中间环节，就会出现交易次数极多，批量极小，交易成本极高，效率极低的情况，从而使农产品的"卖难"和"买难"交替出现，造成严重的社会和经济问题。如山东寿光蔬菜批发市场建立以前，当地蔬菜生产产量很高，但是流通不畅，"卖菜难"使农民生产的蔬菜滞销、腐烂。农产品批发市场建成后，不仅解决了当地蔬菜的销售问题，还与全国 20 多个省、市、自治区建立了经常性的业务联系，在更大范围内实现了农产品的集散。

（2）价格形成功能

改革开放以前，农产品购销价格都由国家统一规定，既不反映产品的质量和品种差价，也不反映供求关系。改革开放之初，农产品纷纷进入各地集贸市场，而集贸市场交易规模小、辐射力不强，因此其形成价格也就难以反映出更大范围内供求关系的真实情况。而且这种不真实的价格在传播当中还会出现误差，这就难免对生产者产生错误导向。由于批发市场在较大范围内集散农产品，来自全国各地的商品同场竞争，同一种农产品就可以通过比较按质论价，从而形成一种能比较真实地反映农产品价值的市场均衡价格。

（3）信息中心功能

信息对农产品生产者和经营者都极为重要。如果信息使用者收集到的信息是错误的，将会对生产、经营活动产生不良影响。由于批发市场连接着产需两头，信息来源比较多，加之批发市场拥有多样化的信息传递手段，因此它是一个良好的收集、整理、发布信息的场所，因而可以起到信息中心的作用。

（4）调节供求功能

由于农产品受自然条件影响大，它的生产和供给比其他商品具有更多的不确定性，而农产品消费则是比较均衡的。因此，保持农产品供求平衡是一件非常困难的事情。人们能努力做到的是尽量避免供求的严重失衡和剧烈波动，而农产品批发市场正是一个可以调节市场供求的良好场所。批发市场的大批量、大规模集散农产品的特点能很好地调节农产品的供求关系，同时，还可以通过市场均衡价格等信息来平衡生产与消费。

（5）综合服务功能

批发市场通过自身的运营，于交易过程中为交易者提供各种方便。交易者进入批发市场后，需要批发市场提供交易场地、通信、邮电、结算、信息、装卸搬运、包装、加工、分级、储藏等各项服务。批发市场能否提供全面的服务，是批发市场能否兴旺发达的关键因素。批发市场的各项服务可以由批发市场本身提供，也可以吸纳一些企业单位进场提供。

上述农产品批发市场功能的充分发挥，在促进农产品生产发展、改善城乡人民生活、推动农产品流通体制改革和流通组织创新等方面都能起到重要作用。

4. 农产品批发市场的建设与完善

（1）中国农产品批发市场存在的主要问题

从总体上看，我国农产品批发市场在全国基本形成了以销地型农产品批发市场为主，产地型、集散型农产品批发市场为辅的农产品市场网络，使农业生产和流通有机结合，推动了农业产业化进程，市场面貌有了明显改变。但由于我国农产品批发市场发展历史短，仍处在初级阶段，与农业和农村经济发展的形势不相适应，还存在一些亟待解决的问题。

①从布局上看，批发市场盲目建设，缺乏整体统一布局和统筹规划

有的农产品批发市场自建成以来，几乎没有发挥作用，或只是旺季有一定的成交量，淡季则几乎没有，成了"空壳"市场。有的缺乏长远发展意识，市场虽很兴旺，但由于布局不合理，规模难以扩大，"龙头"作用得不到有效发挥。如在一个与城市相距不远的范围内，多头管理的批发市场达七八个，出现有场无市的现象；而有些地方则数量明显不足，呈现有市无场的问题。

②从形式上看，重销地市场建设，轻产地市场建设

长期以来，我国产地批发市场基础设施条件、经济效益较差，与销地市场相比，已处于严重滞后状态；与农业生产发展的需要相比，更显得市场的支撑、引导作用严重不足，使产地市场已成为当前农产品市场体系建设中最薄弱的环节。

③从管理上看，市场专业化程度不高，管理制度不健全

近几年来，农产品区域化生产、专业化分工的发展虽然促进了农产品跨区域流通，但农产品长途运输中的乱收费、物流成本升高等阻碍了农产品的正常流通。不仅如此，政府对农产品批发市场的管理制度和市场内部管理制度仍不健全，有些地方采用粗放式管理，缺乏专业的设施和管理，违法现象时有发生。

④从网络建设上看，信息传递滞后，网络利用率低，对外辐射能力弱

提供市场信息的各种渠道，如"全国农产品批发市场信息网"等发挥了较好的作用，但从总体上看，不少农产品批发市场基本上处于单兵作战状态，部门、地区分割依然存在，不成体系，缺乏层次性、网络性和整体性。对全国大市场来说，信息量远远不够，信息渠道不畅通，许多地区的农业生产还不能得到信息的指导；众多的龙头企业、种植户、运销大户对农业信息网不甚了解；信息质量不高，信息包含的要素不全、不准确；信息滞后，即时信息十分短缺，不能适应日益扩大的商品流通的需要。

（2）我国农产品批发市场的建设与完善

以批发市场为中心的农产品市场体系，既是农产品价格形成的依托，也是国家进行宏观调控的依托。因此，应根据经济区域和农产品流向的要求，建立若干中央级的大型农产品批发市场，并通过现代信息系统与农产品集贸市场、零售市场以及大型批发市场、期货市场连接起来，形成开放式和运行高效有序的市场网络，充分发挥批发市场在全国农产品流通中的决定性作用。重点从以下七个方面做起。

①继续加强有形市场建设，统筹规划，优化布局结构，构建完善的市场体系

要加强对农产品批发市场建设的立项管理，严格论证，科学选址，避免重复建设，无序竞争。产区批发市场应建在农产品的集中地，既要考虑交通条件，又要顺应原来的农产品集散规律。销区批发市场应纳入城市建设总体规划，根据可能的辐射范围布局。市场建设要注重质的提高，坚持以改建和扩建为主，盘活存量资产，注重与经济、环境、城市建设协调发展。要根据区域特点、人口状况、经济水平、产业结构、购销习惯及消费流向等因素，做好市场规模、设施和档次的定位，逐步在全国建立结构合理、流通快捷的农产品批发市场体系。

②着力培育市场内有活力的经营主体，激活农产品批发市场

要创造条件使经营者进入有稳定预期的无形市场。包括：纵向一体化，以贸工农一体化的组织形式，将农产品生产者和加工者、营销者之间的市场关系内部化，实现风险共担、利益共享；横向一体化，发展销售合作组织，提高农民参与流通的组织化程度，已成为解决小生产与大市场之间矛盾的当务之急，也是完善批发市场、优化价格形成机制的实际要求。

③鼓励交易方式的变革和创新

积极稳妥地推行拍卖制、销售代理制、配送制和电子商务等，健全农产品价格形成机制。拍卖制是国际上规范批发市场价格机制的较为普遍的方式，其优点是集中竞买，避免了一对一的讨价还价，能大幅度提高交易的效率；买者均公开报价，高度透明，公平竞争，使强买强卖、回扣、贿赂等扰乱流通秩序的行为没有可乘之机；价格完全在供求的作用下形成，公平合理；明显提高信息的集散传播效率，有利于理性的交易决策。所以，我国生鲜农产品批发市场的交易方式要逐步实行拍卖制，这也是提高营运效率的有效手段。因此，要鼓励发育大型的批发商组织，以扩大交易规模，同时要促进委托代理批发贸易的发展，提高交易的组织化、专业化程度，从而为拍卖制的发展提供良好的条件。此外，要充分利用现代信息技术和物流体系发展农产品配送制和电子商务。

④强化软件建设，提高市场管理水平

一是坚持建设标准化。不同类型的市场，要找准自己的位置，按照对应的层次和性质，设计确定自身的建设规模和结构。二是坚持交易规范化。凡有条件的农副产品批发市场应积极探索发展会员制、拍卖制等交易方式，要积极引入代理制，通过竞争，使批发市场真正成为产销指导中心。三是坚持品种和包装标准化。要选择部分以销地产品为主要方式的农产品专业批发市场，引入分选、包装设备和冷藏设施，通过品种包装标准化，达到方便成交、方便运销和延长销售季节。四是坚持管理法治化。健全各项规章制度，争取各项税费依法征收，保障交易公开、公平、公正和有序。

⑤健全农产品质量标准体系和农产品市场信息网络，提高市场交易效率

商流与物流的分离是现代营销制度的重要特征之一，其前提条件是要建立健全农产品质量标准体系。质量标准化也是国际国内两个市场接轨的需要。高效率的市场体系要有高度发达的信息网络支撑。信息网络的发达程度是农产品市场发育程度的一个标尺。

⑥逐步完善市场监测体系

建立有权威的农产品供给、需求、市场价格变动的预测预报系统和信息发布制度。发挥和完善农产品市场机制对农业生产、农产品流通所起的主要调节作用，客观上要求农民根据市场上农产品价格信号安排生产和经营。但由于中国农户经营规模小、组织化程度低、对市场的参与度不高，取得市场信息的渠道有限，从而使农民不能很好地及时从市场获得准确的信息来按照市场需求组织生产、经营。因此，在建立农产品市场体系的过程中，要建立农产品供给、需求、市场价格变动的预测预报系统和信息发布制度，以满足农民对市场组织生产的需要。为此要建立和完善一个反应灵敏、高效的农产品市场监测体系来监督、检测农产品批发市场的运行，发布重要农产品市场交易、市场地位、农产品质量和价格动态等监测结果，设立重要农产品市场档案，这是市场经济体制下农产品市场制度建设的一项重要内容。

⑦加强农产品市场的法治化建设

我国应尽快制定一部批发市场法，使市场开办者、管理者、交易者、政府都依法办事，避免市场建设中的重复浪费，减少市场运行中的不规范现象。要制定禁止搞地区封锁、市场分割等法律，约束地方政府在发展市场经济中的不规范行为，加快全国农产品统一市场的形成；通过立法，明晰市场目标，厘清政府、管理者和经营者的职权与关系，保证广泛的社会参与度；保护公平有效竞争，禁止垄断、反对不正当竞争，打击强买强卖欺行霸市的不法行为；加快建立市场内部制度规章，规范交易各方的市场行为，最终形成市场内部有效的自律机制；加强监督，建立监督管理机构，加强和规范市场中介组织，严格

资格认定，发挥好服务、沟通、公正、监督作用，保证农产品市场放而有度，活而有序，繁荣稳定。

（四）农产品期货市场

1. 期货交易的内涵

期货交易是与现货交易相对应的一种交易方式，是商品交换的一种特殊方式，其最早始于农产品期货合约，这是由农业的重要性及特殊性所决定的。期货交易是指按照一定的条件和程序，由买卖双方在交易所内预先签订产品买卖合同，而货款的支付与货物的交割则要在约定远期进行的一种贸易形式，属于信用交易范畴。由于期货合约的买进和卖出是在期货交易所的交易场内进行的，人们也把期货交易所称作期货市场。期货市场是指期货交易交换关系的总和。期货市场是随期货交易的发展而发展的，反过来，期货市场尤其是期货交易所的健全和发展也促进了期货交易的发展。

农产品期货市场的期货交易是在远期合约交易的基础上发展起来的，但又是与远期合约交易不同的特殊的商品交换方式，有其独特的运行特征。

2. 期货交易的运行特征

（1）期货交易是"买空卖空"的交易行为

在期货交易中，对买方来说，期货合约只是一种到了交易日期能得到商品的凭证；对卖方来说，期货合约是到了规定的日期应交售商品的凭证。买卖双方进行期货交易的动机是利用市场上价格的上下波动进行套期保值或投机获利。在期货市场上，购买期货合约称为"买空"，出售期货合约称为"卖空"。

（2）期货交易是一种委托性质的交易行为

期货交易的买卖双方必须委托经纪人，由经纪人在交易所办理买卖和结算手续，买卖双方不直接接触。按照有关规定，能进入交易所进行直接交易的人，可以是交易所的会员，也可以是持有执照的经纪人，其他客商或投机者只能按照既定的程序委托会员或经纪人代买或代卖。期货价格是场内经纪人通过公开、充分竞争后达成的竞争价格。由此可见，期货交易实属委托性质的交易。

（3）期货交易是以期货合约自由转让为前提的交易行为

期货交易不但内含预买和预卖行为，更主要的是，这种预期买卖活动以自由转让期货合约为中心内容。在期货交易过程中，交易人不必等到合约到期才进行实物交割，而通常是在期货合约到期前而将交易冲销或称平仓、清盘、结算。

（4）期货交易是在交易所进行的交易行为

期货交易一般不允许进行场外交易。期货交易所不仅为期货交易提供了一个固定的场所、交易所需的各种设备，而且还为期货交易制定了许多精细的规章制度，使期货交易所成为一个组织化、规范化程度很高的市场。

3. 农产品期货市场的作用

（1）调节市场供求，减缓价格波动

从宏观上看，开展农产品期货交易，有利于防止市场价格过度波动，避免社会资源的浪费。农产品期货价格是由供需双方根据各自对将来某一时点市场供求状况的预测，既能预先反映未来市场供求状况，也能对未来各个时间的供求进行超前调节，从而起到防止盲目扩大生产规模、平抑物价的作用。从微观上看，农产品生产、加工、贸易企业能通过期货交易方式转嫁价格风险，减少生产损失。一般来讲，现货与期货市场的价格涨落方向一致，如估计到以后的粮食价格要下降，生产有一定的价格风险，企业可以在期货市场卖出一份未来某一时期的粮食期货合约。在期货交割前，现货价格如果真下降，该企业的现货损失可用期货交易的利润弥补，降低或避免价格下降使利益受损的风险。当期货价格发生变动时，生产者可以根据期货市场提供的关于下一生产周期市场供求情况和价格变化趋势的预测，决定下一生产周期的生产规模和产品结构。通过增加或减少市场供给量，使市场供求基本平衡，抑制市场价格剧烈波动。

（2）增强企业经营的计划性，提高管理水平

期货合约的签订，使商品的供应或销售有了保障，也稳定了产品价格和利润水平。因此，企业通过期货市场可以有计划地安排生产和经营，而国家也因此可以通过期货市场实现对微观经济的宏观调控。企业通过期货市场的公平竞争，可促使其提高生产经营管理水平。因为参加期货交易的当事人都具有平等的资格，处于平等的地位，通过公平竞争来决定价格。如果要在信息公开、地位平等、公平竞争的市场环境中取胜，企业就必须不断改善生产经营管理策略，要合理地安排好生产、销售计划，并努力降低成本费用，提高企业经济效益。

（3）节约社会劳动和资金占用

期货交易所涉及的主要是期货合约的买卖，一般并不发生实际的商品流转，从而实现了物流和商流的合理分离。因此，期货交易这种特殊的交易方式，能使生产企业方便地、快捷地以竞争性的价格在期货市场获取其所需要的原材料，从而大量减少商品生产出来以后所固有的大量实物的运输、储藏活动，因而能大幅度降低资金占用水平，节约费用开支，提高社会经济效益。

（4）提高市场的交易效率

农产品期货交易是按标准的期货合约进行的，每张合约的交易数量、质量标准一致，交易人不必考虑对方的商业信誉，可以根据需要（套期保值、保本或获取差额利润），在合约规定的实物交割之前进行合约转让。这就扩大了交易的空间范围，促进了物流的流转，使交易效率大大提高。加上投机商的广泛参与，更进一步提高了市场的流动性，促进了整个市场的有效运行。

（5）有助于政府对宏观经济运行的调控

期货市场波动与现货市场既有密切联系又有很大区别。从某种意义上讲，期货市场的波动更是对某种经济形势的一种预示，这种波动所预示的问题如被政府及时发现并采取适当措施加以解决，那么它对现货市场运行的不利影响就可以避免。农产品是人们的基本生活资料，事关国民经济的稳定和社会的安定。因此，各国政府对参加期货交易的农产品都保留有一定数量的国家商品储备，因而国家作为期货市场最大的潜在交易者，其农产品储备量的数量变化乃至国家各项经济政策规定的变化，都会影响期货交易者对未来供求的预测，从而改变期货市场价格波动的幅度和方向，使其符合国家宏观经济发展的需要。从这个意义上讲，期货市场价格比现货市场价格更易受国家宏观政策的影响，而且也更具有宏观经济可调控性。

（6）有利于促进农产品市场向国际化发展

期货交易已经跨越了国界。从交易人员看，发达国家的交易所一般都不限制境外会员的发展；从交易所之间的联系看，交易所跨国界、跨地区的联网已经实现；从交易对象看，由于期货合约是标准化的，为期货交易方式成为全球性的无差别交易方式提供了最基本条件；从交易规则看，期货交易所具有的公开性和公平性使市场透明度大大提高，同一性和竞争性又使市场交易高度集中，消除了地域对信息传播的阻碍。因此，期货市场汇集了反映供求的各种信息，同时又将有关交易的信息反馈到世界各地。期货市场所形成的价格已经成为国际贸易领域里的基准价格。

（7）完善农产品市场体系

农产品期货市场的建立，使农产品市场体系更趋完善。现货交易一般进行的是短期交易，缺乏预测性、长期性，市场可控性差。而期货市场作为高级形式的市场制度，它具有风险回避功能和价格发现功能，从而能弥补现货市场的功能性缺陷，为农产品生产和经营创造了更为良好的市场条件。

当前，"小生产面对大市场"是我国农业发展困境中的核心问题，面对风险大、标准高、竞争性强的国际大市场，只有实行农业市场化、产业化、集约化经营，才能促进农业生产与市场有效对接。期货市场作为市场经济的高级形态，能在价格发现、风险转移、促进农业市场化方面发挥重要的促进作用。

4. 农产品期货市场的规范与完善

（1）完善期货品种上市机制

继续推出适合我国农产品市场发展的农产品期货品种。

（2）改善农产品期货市场投资经营结构

以最终形成投资主体多元化、经营范围多样化、资金来源多渠道的格局，增强农产品期货市场发展的活力、动力和稳定性。

（3）规范期货交易行为

要加强期货市场法规建设，不断规范期货交易所、期货经纪公司、套期保值与投机人的市场行为，为农产品期货市场发展创造良好的发展环境。

随着我国市场经济的进一步发展，各项法规的完善及各种交易行为的规范，农产品流通理所当然地将成为农业发展的有力保证。因此，政府要利用好农产品批发市场和期货市场这个宏观调控的支点，采取经济手段、法律手段，辅之以行政手段，在充分发挥市场机制的前提下，加强农产品流通市场的宏观调控，确保农产品市场的稳定，促进我国农业的稳步发展。

第二节　农产品物流管理

一、农产品物流的概念及分类

（一）物流与农产品物流的概念

1. 物流的概念

《中华人民共和国国家标准物流术语》中将物流定义为：物品从供应地向接受地的实体流动过程中，根据实际需要，将运输、储存、装卸、搬运、包装、流通加工、配送、信息处理等基本功能实施有机结合。物流是物质资料从供给者到需求者的物理运动，是创造时间价值、场所价值和一定的加工价值的活动，这是目前国内普遍接受的定义。

物流活动的具体内容包括以下十二个方面：用户服务、需求预测、订单处理、配送、存货控制、运输、仓库管理、工厂和仓库的布局与选址、搬运装卸、采购、包装、情报信息。

2. 农产品物流的概念

农产品物流是物流业的一个分支，指的是为了满足消费者需求而进行的农产品物质实体及相关信息从生产者到消费者之间的物理性流动。它是以农业产出物为对象，通过农产品产后收购、运输、储存、装卸、搬运、包装、配送、流通加工、分销、信息处理等一系列环节，做到农产品保值增值，最终送到消费者手中。农产品物流的发展目标是增加农产品附加值，节约流通费用，提高流通效率，降低不必要的损耗，从某种程度上规避市场风险。

现代农产品物流涵盖了与农产品相关的生产、流通和消费领域，连接了供给主体和需求主体。它是一种服务产业，是一种追加的生产过程，它克服时间和空间的阻碍，提供有效的、快速的农产品的输送和保管等服务来创造农产品的效用，主要包括实物流和信息流。

我国是一个农业大国，农产品的有效流通涉及整个国民经济的运行效率及质量，涉及农业现代化，涉及农民的根本利益。在市场竞争日益激烈的今天，随着消费者对产品个性化、多样化的需求，传统的农产品流通销售模式已经不能适应市场需求。因此，构建高效的农产品物流体系，不仅能使农民生产的产品实现其价值与使用价值，还可以使农产品在流通过程中增值，通过有效的控制与管理，降低农产品流通的成本，提高农业生产的整体效益，从某种程度上规避市场风险。

3. 农产品物流的特点

农产品物流是物流中特殊的一部分，既包含了物流的普遍性，也有其独特性。概括而言，主要有以下六个特点。

（1）农产品物流涉及面广、量大

我国居民生活消费农产品主要以鲜货鲜销形式为主，在分散的产销之间要满足消费者在不同时空上的要求，使得我国农产品物流面临着时间、空间、数量和质量的巨大挑战，加上轻工、纺织和化工所用原料农产品，我国农产品物流流量之大、流向之广在世界各国中名列前茅。

（2）农产品物流具有季节性和周期性

农产品成熟时，出现短时、较大的物流量，而季节过后，物流量迅速减小，呈现较大的周期性和波动性。由于农产品生产的地域分散性和季节性同农产品需求的全年性和普遍性发生矛盾，使农产品供给与消费之间产生了矛盾，以致准确掌握供求信息相当困难，无法及时进行调整，造成经营农产品流通具有较大的风险。

（3）农产品物流具有预期性

预期是指对与当前决策有关经济变量未来值的预测，是决策者对那些与其决策相关的不确定的经济变量所作的预测。农产品的生产者都是根据当年农产品的价格来决定下一年农产品的种植数量，这将导致农产品的供给数量与农产品价格年复一年地大幅反向波动。在某些条件下波动将收敛于均衡值，在其他条件下，波动是不收敛的。

（4）农产品物流具有易耗性

"鲜活"是农产品的生命和价值所在，但由于鲜活农产品的水分含量高，保鲜期短，极易腐烂变质，因而特别要求绿色物流。由于农产品的各种生物属性，所以对农产品流通过程中的储存、保鲜、加工等环节有很高的技术要求，需采取低温、防潮、烘干、防虫害等一系列技术措施。它要求有配套的硬件设施，包括专门设立的仓库、输送设备、专用码头、专用运输工具、装卸设备等。

（5）农产品物流具有专业性

由于农产品所具有的生化品质特性，使得农产品物流具有很强的专业性。如大部分农产品在流通过程中需要采取各种措施以达到保鲜的目的，一些鲜活动物产品进入流通领域后，还必须进行饲养、防疫等，这些都需要专门的知识和设备，要求农产品物流的设施、包装方式、储运条件、运输工具和技术手段等具有专用性。

（6）加工增值是农产品物流的重要内容

农产品加工增值和副产品的综合利用是减少农产品损失、延长其保存期限、提高农产品附加值、丰富人民生活、使农产品资源得以充分利用的重要途径。因此，农产品加工是农产品物流中一个不可或缺的重要组成部分。比如粮食深加工和精加工、畜牧产品加工、水果加工和水产品加工等，具体包括研磨、抛光、色选、细分、干燥、规格化等生产加工、单元化和商品组合等促销加工作业，以使农产品流通能顺利进行。加工是农产品物流的关键环节。

（二）农产品物流的分类

根据农产品物流在农产品供应链中的作用不同，把农产品物流的全过程分成生产物流、销售物流、废弃物物流三种不同类型。

1. 农产品生产物流

农产品生产物流是指从农作物耕作、田间管理到农作物收获的整个过程中，由于配置、操作和回收各种劳动要素所形成的物流。生产物流是生产农产品的农户或农场所特有的。与工业生产物流相比，一方面，农产品生产物流受自然条件制约性大，具有不稳定性，在物流过程中要充分考虑生产的布局、季节性生产、分散性生产等因素的影响，物流要与当地的生产条件相结合；另一方面，农产品生产物流内容较单纯，活动范围小，主要是农业生产要素从仓库到田地和田地之间的往复运动。在我国，农产品生产物流除少量企业化生产的物流量较大外，大多由个体农户生产或从事，每户承包土地不多，耕种或养殖物流量小。

农产品生产物流按照生产环节可以分为三种形式：一是产前物流，包括耕种、养殖物流及相关的信息物流，即为耕种、养殖配置生产要素的物流，如农业拖拉机等农业机械设备及生产工具的调配和运作，种子、化肥、地膜等的下种和布施；二是产中物流，即为了培育农作物生长的田间物流管理活动和养殖畜禽、鱼类等的管理活动，包括育苗、插秧、锄田、整枝、杀虫、追肥、浇水等作业所形成的物流；三是产后物流，即为了收获农作物形成的物流，其中包括农作物收割、回运、脱粒、晾晒、筛选、处理、包装、入库或动物捕捞和处理等作业所形成的物流。

2. 农产品销售物流

农产品销售物流就是通过包装、储存、长途运输和短程配送等具体活动实现农产品销售，完善其服务功能，其中主要包括根据物流合理化原则确定运输路线、农产品储备系统和包装水平、农产品加工作业水平以及送货方式等相关内容。若销售物流不畅，会影响销售方利益，造成农产品积压甚至丧失其价值的不良后果。再加上农产品销售物流的方向是从广大的农村到城镇，大部分物流是先通过收购，从分散的农产品生产者手中把农产品集中起来，再销售到各个城镇，因此销售物流的空间范围很大。

3. 农产品废弃物物流

在农产品生产、销售及消费过程中，必然导致大量废弃物、无用物，对它们的运输、装卸和处理的物流活动构成了农产品废弃物物流。为此，应当建立起生产、流通、消费的循环往复系统，即废弃物的回收利用系统，实现资源的再利用，构建农产品绿色物流。

二、农产品物流系统

（一）农产品物流系统的构成要素

物流系统是由人、财、物、设备、信息和任务目标等要素构成的有机整体。农产品物流系统的构成要素包括一般要素、功能要素、支撑要素和物质基础要素。

1. 农产品物流系统的一般要素

农产品物流系统的一般要素主要指人、财、物方面。人是物流的主要因素，是物流系统的主体，是保证物流得以顺利进行和提高管理水平的关键因素。提高人的素质，是建立一个合理化的物流系统并使之有效运转的根本，为此需要合理确定物流从业人员的选拔和录用，加强物流专业人才的培养，使其既了解农产品的相关知识，又掌握物流专业技能。

财是指物流活动中不可缺少的资金，物流运作的过程实际也是资金运动过程，同时物流服务本身也需要以货币为媒介，物流系统建设是资本投入的大领域，离开了资金这一要素，物流不可能实现。物是物流中的原材料、产品、能源、动力、专用设备等物质条件，包括物流系统的劳动对象和劳动手段，没有物，物流系统便成为无本之木。一般要素对物流产生的作用和影响，构成物流系统的"输入"。

2. 农产品物流系统的功能要素

农产品物流系统的功能要素指农产品物流系统所具有的基本能力，这些基本能力有效地组合、联结在一起便成了农产品物流的总功能，便能合理、有效地实现物流系统的总目的。物流系统的功能要素一般认为由以下七项具体实际工作环节构成。

（1）包装功能要素

包括农产品的采收包装，物流过程中换装、分装、再包装等活动。对包装活动的管理，根据物流方式和销售要求来确定。要全面考虑包装对产品的保护作用、促进销售作用、提高装运率的作用、包拆装的便利性以及废包装的回收及处理等因素。包装管理还要根据全物流过程的经济效果，具体决定包装材料、强度、尺寸及包装方式。

（2）运输功能要素

包括农产品供应及销售物流中的车、船、飞机等方式的运输；生产物流中的管道、传送带等方式的运输。对运输活动的管理，要求选择技术经济效果最好的运输方式及联运方式，合理确定运输路线，以实现安全、迅速、准时、价廉的要求。

（3）装卸功能要素

包括对输送、保管、包装、流通加工等农产品物流活动进行的衔接活动，以及在保管等活动中为进行检验、维护、保养所进行的装卸活动。在全物流活动中，装卸活动是频繁发生的，因而是农产品损耗的重要原因。对装卸活动的管理，主要是确定最恰当的装卸方式，力求减少装卸次数，合理配置及使用装卸机具，以做到节能、省力、减少损失、加快速度，获得较好的经济效果。

（4）保管功能要素

包括堆存、保管、保养、维护等活动。对保管活动的管理，要求正确确定库存数量，明确仓库以流通为主还是以储备为主，合理确定保管制度和流程，对库存农产品采取有区别的管理方式，力求提高保管效率，降低损耗，加速物资和资金的周转。

（5）配送功能要素

是农产品物流进入最终阶段，以配送、送货形式完成社会物流并最终实现资源配置的活动。配送活动过去一直被看成运输活动中的组成部分，未将其独立作为物流系统实现的功能。但是，配送作为一种现代流通方式，集经营、服务、社会集中库存、分拣、装卸搬运于一身，已不是单单一种送货运输能包含的，所以应将其作为独立功能要素。

（6）流通加工功能要素

又称流通过程的辅助加工活动。这种加工活动不仅存在于社会流通过程中，也存在于企业内部的流通过程中，实际上是在物流过程中进行的辅助加工活动。企业、物资部门、商业部门为了弥补生产过程中加工程度的不足，更有效地满足农户或农业企业的需求，更好地衔接产需，往往需要进行这种加工活动。

（7）物流情报功能要素

包括进行与上述各项活动有关的计划、预测、动态（运量、收、发、存数）的情报及有关的费用情报、生产情报、市场情报活动。对农产品物流情报活动的管理，要求建立情报系统和渠道，正确选定情报科目和情报的收集、汇总、统计、使用方式，以保证其可靠性和及时性。

上述功能要素中，运输及保管分别解决了供给者及需要者之间场所和时间的分离，是物流创造"场所效用"及"时间效用"的主要功能要素，因而在物流系统中处于主要功能要素的地位。

3. 农产品物流系统的支撑要素

农产品物流系统的建立需要有许多支撑要素，尤其是处于复杂的社会经济系统中，要确定物流系统的地位，要协调与其他系统的关系，这些要素必不可少。主要包括：农业体制、农业管理制度；农业法律、规章；行政命令和标准化系统等。

4. 农产品物流系统的物质基础要素

农产品物流系统的建立和运行需要有大量技术装备手段，这些手段的有机联系对物流系统的运行有决定意义。这些要素对实现物流和某一方面的功能也是必不可少的。要素主要包括：农产品物流设施、农产品物流装备、农产品物流工具、农业信息技术及网络、农业经济的组织及管理。

（二）农产品物流系统的目标

农产品物流系统的总目标是获得宏观和微观效益，建立和运行物流系统时要以两个效益为基本目的。现代物流系统目标包括"5S"目标和"7R"目标，同样也适用于农产品物流。

1. 农产品物流系统的"5S"目标

（1）服务目标（Service）

农产品物流系统是"桥梁"，具体地联系着农业生产与再生产、生产与消费，因此要求有很强的服务性。物流系统采取送货、配送等形式，就是其服务性的体现。在技术方面，近年来出现的"准时供货方式""柔性供货方式"等，也是其服务性的体现。农产品物流系统必须以用户为中心。

（2）快速、及时目标（Speed）

及时性不但是服务性的延伸，也是流通对物流提出的要求。快捷、及时既是一个传统，目标更是一个现代目标，随着社会化大生产的发展，这一要求更加强烈。在物流领域采取的诸如直达物流、联合一贯运输、高速公路、时间表系统等管理和技术就是这一目标的体现。

（3）节约目标（Space Saving）

物流过程作为"第三个利润源泉"，利润的挖掘主要依靠节约，在物流领域中除降低投入和流通时间的节约外，通过集约化方式降低物流成本，是提高相对产出的重要手段。

（4）规模化目标（Scale Optimization）

以规模化作为物流系统的目标，并以此来追求规模效益。生产领域的规模生产是早已为社会所承认的，由于物流系统比生产系统的稳定性差，难以形成标准的规模化模式。在农产品物流领域，以分散或集中等不同形式建立农产品物流系统，研究物流集约化的程度，就是规模化这一目标的体现。

（5）库存调节目标（Stock Control）

在农产品物流领域，满足物流低成本、高效率要求的最优库存方式、库存数量、库存结构、库存分布，既是服务性的延伸也是宏观调控的要求，当然，也涉及物流系统本身的效益。

2. 农产品物流系统的"7R"目标

"7R"目标可以概括为：将适当数量（Right Quantity）的适当产品（Right Product），在适当的时间（Right Time）和适当的地点（Right Place），以适当的条件（Right Condition）、适当的质量（Right Quality）和适当的成本（Right Cost）提供给客户。

（三）农产品物流系统评价指标体系

1. 构建农产品物流评价指标体系的意义

（1）构建农产品物流评价指标体系是经济发展的客观需要

我国关于农产品物流的统计，现存指标在内涵和外延上都与现代农产品物流的概念相差甚远，缺乏系统、综合地反映农产品物流活动运行和整体优化状况。政府统计部门还未建立起与我国农产品物流业发展同步或相适应的农产品物流统计体系。长期以来，农产品物流相关统计数据缺失严重，使研究和建立农产品物流评价指标的分析框架、指标体系和跟踪监测体系都存在相当大的困难。由于缺乏量化依据，很多思路建立在定性认识水平上，很难在促进农产品物流业发展政策的形成上产生实质性影响。农产品物流企业在经营中因不掌握市场需求而存在盲目性。

（2）构建农产品物流评价指标体系是加强各部门协调能力的需要

农产品物流活动必须以信息为先导，只有信息流畅通，才能带动商流与物流齐头并进。但我国目前统计信息的各自为政，加剧了农产品物流业的条块分割，削弱了部门之间、企业之间的协调和整合能力，最终成为农产品物流业发展的瓶颈。

（3）构建农产品物流评价指标体系为农产品物流业和宏观调控提供必要的依据

为了及时、准确、科学地提供农产品物流统计信息，应加强农产品物流统计和调查，以全面及时地反映农产品物流业状况和变动情况，准确掌握物流业的规模和水平，为政府部门制定物流政策和发展规划服务，为企业提供投资决策依据服务，为正在蓬勃发展的农产品物流业和宏观经济调控提供依据，建立农产品物流运作的综合评价体系十分必要。

2. 构建农产品物流评价指标体系的原则

根据我国现阶段农产品物流发展水平，设计农产品物流统计指标体系要遵循以下四个原则。

（1）综合性原则

农产品物流指标体系应是一个涵盖多因素、多目标的复杂系统，其指标的评价应力求从社会、经济和科技的不同层面、不同层次反映农产品物流的综合情况，以保证全面性和可靠性。

（2）针对性原则

由于农产品的种类繁多及生产的季节性和区域性，使农产品物流具有广泛性、专业性、复杂性、严格性以及明显的时间和空间的特定性等特点。因此，农产品物流统计指标的评价应针对性地结合我国农产品物流的特点及发展的现状。

（3）科学性原则

农产品物流统计指标的选取应该有一个科学的理论依据，能真实地反映农产品物流发展的基本状况和运行规律，为农产品物流的发展规划提供可靠的依据。

（4）真实性原则

农产品物流评价指标体系的构建对我国农业乃至国家的经济发展至关重要，所以在构建的过程中各个指标、数据以及实践的过程要实事求是，真实可靠。

3. 农产品物流综合评价方法的筛选

对农产品物流的绩效评价可以采取下面九种方法：综合评判法、多元统计分析法（主成分法、因子评估法、判别分析、聚类分析）、模糊聚类法、平衡计分法、效用理论法、AHP 法、数据包络分析法、灰色关联度评估法、两阶段物流系统综合评价法。下面就主要方法加以简单介绍。

（1）综合评判法

该方法是对多种属性的事物，或总体优劣受多种因素影响的事物，做出一个能合理地综合这些属性或因素的总体评判。而模糊逻辑是通过使用模糊集合来工作的，是一种精确解决不精确、不完全信息的方法，其最大特点就是用它可以比较自然地处理人类思维的主动性和模糊性。因此，对诸多因素进行综合，才能做出合理的评价，在多数情况下，评判涉及模糊因素，用模糊数学的方法进行评判是一条可行的也是一条较好的途径。

（2）平衡计分法

该方法是绩效管理中的一种新思路，适用于对部门的团队考核。平衡计分法是一种全方位的、包括财务指标和非财务指标相结合的策略性评价指标体系。平衡计分法最突出的特点是，将企业的远景、使命和发展战略与企业的业绩评价系统联系起来，它把企业的使命和战略转变为具体的目标和评测指标，以实现战略和绩效的有机结合。

（3）AHP 法

即层次分析法（Analytic Hierarchy Process，简称 AHP 法）。这种方法的特点是在对复杂的决策问题的本质、影响因素及其内在关系等进行深入分析的基础上，利用较少的定量信息使决策的思维过程数学化，从而为多目标、多准则或无结构特性的复杂决策问题提供简便的决策方法，是对难以完全定量的复杂系统做出决策的模型和方法。

三、农产品运输与配送管理

农产品运输与配送管理的整个过程包括农产品运输管理、仓储管理、配送作业管理、供应链信息决策管理四个方面，一套完整的运输配送流程离不开这些方面的管理。

1. 农产品运输管理

"新鲜"是农产品的生命和价值所在，但由于鲜活农产品的水分含量高，保鲜期短，极易腐烂变质，会大大缩短运输半径和运输时间，因此要求更高的运输效率和流通保险条件。农产品本身的这些特点，决定了要采用不同的车辆对不同的农产品进行运输，要对不同的车辆及运输任务进行合理的搭配。

农产品的运输管理需要运用运输子系统，包括全球定位系统（GPS）和地理信息系统（GIS）等技术及时跟踪农产品的运输状况并得到反馈信息，通过对农产品运输成本和时间要求的分析比较，优化农产品运输路线以便控制运输成本和时间。

农产品运输管理主要有运输计划、配载管理、运费结算、车辆信息维护四个模块。运输计划是根据门店调拨和批发销售商品的体积、重量和货物去向自动进行运输调度管理，生成运输作业单；配载管理是根据运单进行车辆运载确认，对实配重量、体积进行管理，记录出车时间，考核实际出车量、运行里程等，并进行道路流量分析，以辅助运输计划；运费结算是根据运单对内和对外结算配送费用；车辆信息维护包括车辆基本信息、购车年限、维修情况、事故记录、油耗情况及根据出车行驶里程、安全驾驶等情况对驾驶员业绩进行考核。

2. 农产品仓储管理

农产品的生产季节性较强，而且有地域性特点。所以库存能力既要有伸缩性，又要避免资源的浪费，仓储管理系统不仅要满足现有的仓储能力，还要有"预见"能力，从而为即将到来的农产品仓储高峰做好准备。

仓储管理包括农产品入库信息管理、出库信息管理、库位资源管理、堆存费用及其他费用管理、流程监控管理费、报表管理、档案维护等，并提供计算机辅助决策，对即将达到或超过上下限库存量范围的不同程度进行分级预警。

利用农产品供应链管理信息系统进行仓储管理时应注意：一是农产品进出库信息的及时、准确录入，这是仓储管理乃至整个农业供应链信息管理的至关重要的部分；二是农产品库位管理的精细化。库位管理可以使农产品有序地存储，便于寻找和分拣，仓储管理的水平在很大程度上取决于管理的精细化程度。

3. 农产品配送作业管理

农产品配送作业管理主要包括门店订货管理、物价管理、批发销售、退货管理、销售分析、应收账款管理等模块。

订单管理是门店通过电话访问配送中心库存情况，并实时形成订货清单，经业务部门汇总形成内部调拨单；物价管理包括调拨商品在门店的售价（指导性）管理和配送中心对外批发价格的管理，分为新商品核价及一般商品的调价和折扣等；批发销售包括向社会客户批发销售或配送，及向部门门店调拨形成销售，对门店销售从门店订货单内自动转入信息；退货管理是指门店配送或批发商品的退货；退货后形成销货退货单并进行结算，增减实际库存；销售分析包括销售排行、销售情况查询、成本毛利生成及其分析查询等；应收账款管理是向门店调拨销售的内部结算和对外批发引起的应收账款的管理。

4. 农产品供应链信息决策管理

在农产品供应链管理中，所有的客户订单、农产品库存变化、车辆调配情况、人员使用情况、成本费用支出情况等，因为需要以单据的形式落实，而被强制在系统中随时更新，因此系统中存储着相当完整的业务相关数据。

农产品供应链信息决策管理系统提供了一些分析方法，如滑动平均分析法、多元回归分析法、线性规划法、多目标规划法等，而且还可以用可视化技术实现数据作图，包括柱状图、饼状图、线形图等形象化手段，以不同的视图进行资源信息的比较分析，以便分析结果直观、明了。

第七章
农村产业融合发展机制与服务支撑

第一节 农村产业融合发展机制

农村产业融合的微观主体由农户、龙头企业、合作社、行业协会等组成，各主体之间通过某种机制组成经济联合体。有的联合形式比较松散，有的联合形式则十分紧密，各主体之间实行"利益共享、风险共担"。在组织体系内得到比较合理的利润，是激励各市场主体或利益主体积极性和创造性的动力，是维系并发展组织体系的基础。农村产业融合发展微观主体之间的利益联结机制，按照其紧密程度可划分为合作制、股份制、股份合作制和合同制（订单农业）。近些年来，我国各类利益联结机制渐趋完善和多样化。不同产品、产业，不同的发展阶段，各有不同；在一个产业化经营组织中，有的以一种形式为主，有的多种形式并存。

一、合作制

合作制就是生产者联合劳动的制度。合作制是指农户通过组建合作社、专业协会或其他合作组织，以团体的形式参与农业产业化经营，从而达到提高自身谈判地位和增强市场影响力的目的。相比较而言，合作社的内部联系一般比较紧密，章程的约束力也比较强；而专业协会的内部组织一般较为松散，章程的约束力也较弱。当前，我国的合作经济组织整体上仍处于初创阶段，普遍存在规模小、组织化程度不高、运作不规范、影响力不大等问题。

合作社在农村产业融合中担任两种角色：一种是充当龙头组织，实行产销或产加销一体化经营。有的合作社对社员生产的鲜活农产品实行"四统一"，即统一提供化肥、农药，统一技术培训，统一防虫治病，统一销售产品；有的合作社还负责对社员的产品实行统一包装，加贴统一品牌；有的合作社还兴办农产品加工企业，并将加工品销到市场或者转卖给龙头企业。另一种是充当中介组织，一是代表社员的利益，与龙头企业进行谈判并签订农产品产销或初加工合同；二是在合作社内部监督社员按照合同完成各自的生产任务。

合作制的优点在于：一是合作社能充分代表社员的利益，通过产业化经营把农户与企业或市场连接起来，既保持了家庭经营的独立性，又提高了农户经营的规模效益；二是合作主体通过生产、分配、交换、消费各个环节的合作，降低了中间交易成本，并把由此节省的交易费用保留在合作社内部，有利于积累机制的形成和合作社的进一步发展壮大；三是社员之间的合作显示了集体的力量，提高了农户在市场上的谈判能力，有利于保护农户利益。

合作方式的不足之处在于：合作过程较为缓慢，合作组织的组建成本和监管成本较高。

二、股份制

股份制亦称"股份经济"，是指以入股的方式把分散的、属于不同人所有的生产要素集中起来，统一使用，合理经营，自负盈亏，按股分红的一种经济组织形式。股份制的基本特征是生产要素的所有权与使用权分离，在保持所有权不变的前提下，把分散的使用权转化为集中的使用权。

多元化的载体（股份组织），包括土地经营权入股的企业、合作社，既可以是农民以土地经营权直接入股企业，或者先入股到合作社、合作社再入股企业，也可以是农民以土地经营权、企业和个人以其他要素入股到合作社等，让资本、土地、劳动、技术等各种要素优化配置，实现第一、第二、第三产业融合发展。

（一）土地承包经营权入股农业龙头企业

土地承包经营权入股农业企业在实践中早有探索。

1. 南海模式——入股到村集体设立的农业公司

为应对改革开放大量外企涌入后城市土地的紧张问题，20 世纪 90 年代，广东省南海市政府率先在政策与法律仍未到位的情况下，开始在全市推广以土地为中心的股份合作制，并陆续被珠三角、全国一些城市所效仿。其改革的基本思路是，将集体的土地、生产工具等重要财产或只以土地折价入股组建股份合作制经济组织，土地统一由股份合作组织发包给专业队或少数中标的农户进行规模经营，或由集体统一开发和使用，农民依据土地股份分享经营的权益。如今南海几乎每个村和村民小组均采用了土地经营权入股成立集团公司或股份合作社的方式进行现代化农业生产经营，大大提高了南海市农业的生产力和经济效益。

然而随着时间的推移，南海模式的问题也日益凸显——村民分红太少、存在擅自卖地等严重的经营和管理问题，农民要求分田退股的现象日渐突出。这集中反映出集团公司或股份合作社的体制弊病：集团公司或股份合作社仍是政社合一，无法完全代表农户的利益；"股东大会""股东代表大会""董事会""监事会"形同虚设；农民的股权只是分红的依据，不能自由流动、转让，也不能抵押农村土地股份合作社。

2. 雁南飞模式——以股田租赁给农业公司

20 世纪 90 年代，在广东省梅州市市长教村村民、宝丽华集团有限公司总经理叶华能的投资决策下，宝丽华集团有限公司成立控股子公司——梅县雁南飞茶田有限公司（以下简称雁南飞），租赁长教村大部分农地以发展茶叶生产和农业生态旅游。该模式的主要内容有：首先，将村民现有耕地量化折股，每亩为一股，核发股权证书予以确认，由村委集中管理，实行"生不增，死不减"和"迁入不增，迁出不减"的原则，可继承但不能转让、抵押、赠送和退出。其次，长教村把入股的水田、旱地租赁给公司发展茶叶生产；将入股的山坡地租赁给公司，用于茶叶种植和旅游开发，林权归长教村，公司不得私自砍伐。公司统一规划，提供种苗、技术、肥料以及技术培训，小组协调生产，分户承包管理，公司以每年每亩 500 元的田间管理费承包给村民。在同等条件下，公司优先招聘村民从事茶叶加工和旅游服务，缓解村民就业问题。最后，由村委收取和分发租赁费，以事先确定的水、旱田标准，按当年市场价上浮 10%，用现金按股权发给村民。山林收益用于公共开支，剩余部分按股权分配。股田制租赁使长教村由贫困村发展为广东省新农村建设样板村、国家 AAAAA 级旅游景区、农业旅游示范点和"三高"农业标准化示范区等，取得了良好的社会、经济和生态效益。长教村的实践证实了财产权制度决定经济效益，不同的财产权制度产生不同的激励，而不同的激励会导致不同的资源配置效率。不过，以村委会为中介的雁南飞模式仍然存在着制度问题，主要是：村委会政社合一的问题；相对投资主体的优势地位，对公司经营、剩余分配等问题缺乏协商能力的农户不满自己的有限权利，消极怠工，影响租赁关系的稳定；公司、村委会、农户的利益不一致，限制了公司的市场竞争力。在"股田制"基础上核算股份的现有资本价值，将村民的土地承包经营权直接入股到雁南飞，真正实现纵向一体化，更有利于在村民和公司之间实现利益共享和权、责、利一致。

3. 重庆、成都新政模式——入股到非村集体设立的农业公司

在重庆市、四川省成都市获准建立全国统筹城乡综合配套改革试验区后，重庆市工商局在全国率先推行新政，出台《关于服务重庆城乡统筹发展的实施意见》，明确规定，经区县人民政府批准，在条件成熟的地区开展农村土地承包经营权出资入股设立有限责任公

司和独资、合伙等企业的试点工作。随后重庆市工商局又出台《关于以农村土地承包经营权入股设立公司工商登记的有关问题的通知》，特别明确了设立公司需要达到的要求：农民自愿；不改变土地用途；公司营业期限不超过入股农民第二轮农村土地承包的剩余期限；农村土地承包经营权入股仅限于设立有限责任公司（不包括一人有限责任公司），经登记机关登记的公司股东不得超过 50 人；选择的产业项目前景良好；有龙头企业参与；有能人带头领办；区县政府支持；用作出资的农村土地承包经营权应经具备资格的机构进行资产评估；不得向农民以外的单位或者个人转让其以土地经营权入股的股权等。从重庆实践来看，该地区根据农地农用等土地承包经营权的特点，在与《公司法》的强制性规定相一致的基础上，对土地承包经营权入股农业公司问题进行了深入细致的探索，对全国有很强的借鉴与示范意义。然而考虑到改革可能带来的诸多风险和弊端，尤其是农民可能面临的失地及由此带来的一系列社会问题，中央政府紧急叫停了重庆正在进行的土地承包权入股农业公司的改革政策，要求其转向进行当时国家正提倡的土地承包经营权入股农民专业合作社的探索。

在成都地区统筹城乡发展、实现农业产业经营的过程中，汤营农业股份有限公司的"汤营模式"最受关注。该模式是在农民自愿的基础上成立邛崃市汤营农业股份有限公司，包括 823 户农户入股 2010 亩承包土地和村集体入股土地 60 亩形成的 50% 股份，以及邛崃市兴农投资公司注资 190 万元形成的 50% 股份。其主要特点是：①在管理组织方面，成立股东代表大会，由股东选举产生董事会、监事会；由董事会负责统一组织生产经营；实施职业经理人管理运行机制。②在生产经营方面，按照现代企业模式，每个项目确定一名项目负责人，按照统一的生产技术规程和产品质量标准组织生产，并优先吸纳入股农户参与公司生产经营。③在利益分配方面，每年经营利润一半留作公司再生产资金，另一半按股分红。邛崃市兴农投资公司分红收入留存汤营村集体，待汤营村集体经济组织发展壮大以后，原价回购邛崃市兴农股资公司的股权。通过几年的发展壮大，汤营村农民人均纯收入在 4 年里劲增了 74%。不过在该模式中，公司只有通过村集体才能集中土地，在多数土地规模流转地区，村集体都能向流入主体收取较高的"工作经费"，还存在集体截留"流转工作经费"不分给农民的问题，并且这种一村一公司的方式也限制了农民的选择权，不利于农民收益的提高。

4. 比较分析

总的来看，不论是南海模式、雁南飞模式，还是重庆、成都新政模式，我国多地都在实践土地承包经营权的股份化，尤其在土地承包经营权入股公司方面进行了有益的探索：有的是入股到村集体经济组织创建的公司（如南海模式），有的是股田制租赁的间接模式

（如雁南飞模式），有的是入股到农民自发成立的公司（如重庆、成都新政模式），有的是入股到股权结构更加多元（如汤营模式中农民股、集体股、政府投资公司股的结合）的公司。这进一步体现了《物权法》所保障的土地承包经营权自主经营的物权性质，描绘了土地承包经营权流转新的发展方向。随着农业市场化加深的是其工业化程度，我国农业生产组织必然向市场经济的主体——公司迈进，而土地承包经营权作为农民均有的财产权，是其入股农业公司的最佳工具。土地承包经营权入股农业公司体现了土地承包经营权的物权属性，进一步理顺和明晰了所有权、承包权和经营权之间的关系，明确了土地承包经营权收益的分配机制，既保证了土地的集体所有性质，又让农民拥有了更加完整的可带来财产性收入的承包权，并促进了经营权资本化的增值进程和适度集中。此外，土地承包经营权入股农业公司还为本地和外来资本等社会资源投向农业创造了条件，有利于进一步深化农业分工，推动产业化运作和农村人力资源流动，拓展农业的增收功能。

在土地承包经营权入股公司的众多模式中，成都的汤营模式更具优势。入股到村集体设立的农业公司的南海模式终究绕不开村集体经济组织主体缺位的根本问题，影响着农民权益和农民增收的实现；间接将股田租赁给农业公司的雁南飞模式，不仅存在村集体经济组织主体缺位的问题，还存在租赁关系不能使农户与公司利益一体化的不稳定问题；以土地承包经营权直接入股农业公司的汤营模式则是最直接的权利主体与市场主体的结合。相较于南海模式，汤营农业股份有限公司是独立法人，非村集体经济组织，主体地位清晰明确；并且，汤营模式在农业生产方面完整地建立起了现代企业制度，实现了农业生产与公司组织的有机结合。相较于雁南飞模式，汤营模式是直接以土地承包经营权入股，真正实现了农民与公司的利益对接，克服了雁南飞模式的弊端。而相较于重庆新政模式，增加了政府投资主体的支持和引导，入股公司实力更强，发展前景更为可观。

（二）土地承包经营权入股合作社

为充分实现农村土地资源的资产收益，在所有权、承包权及经营权三者分离的基础上，我国农村土地承包法及其流转管理办法等相关法律制度，规定承包方可以将土地承包经营权评估量化为股权，入股农业合作社。具体是在坚持农村土地集体所有、农业用途不变的基础上，依法取得经营权的承包方，以承包土地或林地经营权的生产性能、数量、承包年限、当地土地流转价格水平为考虑要素，作价出资并入股组建农民专业合作社的行为。农地承包经营权入股合作社对实现农地资源的资本化，保障农户承包经营土地收益多元化具有重要意义。农民土地承包经营权入股合作社的典型形式是土地股份合作社。所谓土地股份合作社是指按照农户入社自愿、退社自由和"利益共享、风险共担"的原则，引导不愿意种田或不想种田的农户自愿将承包土地经营权折股加入土地股份合作社，由土地股份合作社统一种植水稻、油菜等粮油作物或经济作物。农民入社只参与土地经营决策，参与合作社分红。股份合作社土地的经营管理由合作社选聘的农业职业经理人负责。

三、股份合作制

股份合作制是以合作制为基础，吸收股份制的一些做法。它将资本联合与劳动联合统一起来，农民既参加劳动，又集资入股，实行按劳分配和按股分红相结合的方式。这种利益联结方式，使农户与龙头企业之间真正形成了"利益共享、风险共担"的关系。

股份合作制既保留了合作制劳动联合的特点，又发挥了股份公司产权明晰的优势，使企业与农户结合成互利互惠、兴衰与共的经济实体。在这种利益联结方式中，龙头企业一般演化为股份合作制法人实体，而入股农户则成为企业的股东和企业的"车间"。农民既以劳动者的身份获得工资报酬，又以股东身份分享加工、销售环节的利润，企业与农民由彼此独立的甚至是相互对立的利益主体变为统一的利益主体。

这种组织形式最大的优点是能实现规模经济。股份合作制企业的大规模生产加工，可以使用更先进的机器设备进行专业化生产，综合利用副产品，生产要素的大批量采购和产品供给的垄断地位也可以提高龙头企业在讨价还价中的谈判力量，农业资源和生产要素得以集中有效地使用，生产的社会化、组织化、规模化、标准化、产业化程度最高，农户的风险降低，收入稳定。同时，较之农户分散经营，农业企业具有创新的优势，因为它有进行研究与开发的资本实力，实验室、专业化的研究人员可以实现研究与开发的规模经济，而且农业企业具备快速把研究成果转化为产业竞争优势的能力，创新收益的内部化程度高，创新动力大。

四、合同制（订单农业）

合同制是农村产业融合发展组织内部各利益主体按照合同条款行使其权利并承担相应义务的一种利益联结方式，其核心是价格形成机制。常见的价格机制有三类：一类是预设价格，即企业参照上年（季）市场价格，在年初确定或与农户商定一个当年的收购价格；另一类是准市场价格，即企业随行就市或参照当时的市场价格确定一个略高于市场价的收购价格；还有一类是保护价，即企业结合农户的生产成本确定一个最低保护价，在市场价高于保护价时按市场价收购，在市场价低于保护价时按保护价收购。相比较而言，预设价格有助于生产者形成一个稳定的预期，从而便于安排生产，但预设价格是一个相对固定的价格，合同双方的履约率较低；准市场价格比较灵活，但具有很大的不确定性，购销双方均需承担一定的市场风险，生产的波动性较大；保护价既可以确保生产者获得一个最起码的收益，又可以在市场价高涨时让生产者获得一个溢价收益，但企业要承担较大的市场风险。

除价格约束外，合同方式往往还涉及一些其他的利益关系，比如"优惠服务"，即龙头企业除按合同价格收购农户的产品外，还免费或以优惠价提供种子、技术、信息等服务项目。龙头企业通过开展服务，对农户利益进行补偿。农户得到龙头企业在资金、物力、技术等方面的扶持后，生产成本和经营风险会大大降低。这种联结方式使农户与龙头企业之间的关系趋于稳定化、长期化。又如"利润返还"，即龙头企业根据经营状况，从加工、流通环节的利润中拿出一部分返还给农户。这种利益联结方式可以使双方建立起紧密的联系，农户开始关心龙头企业的经营业绩，并在农产品生产、储藏、销售等环节对龙头企业高度负责。这种利益分配机制充分调动了农民的积极性。不过，在农户分享部分利润的同时，龙头企业的组织费用和经营成本增加了。

从政策导向看，政府鼓励龙头企业通过开展定向投入、定向服务、定向收购等方式，为农户提供种养技术、市场信息、生产资料和产品销售等多种服务；鼓励龙头企业大力发展订单农业，规范合同内容，明确权利责任，提高订单履约率；鼓励龙头企业设立风险资金，采取保护价收购、利润返还等多种形式，与农户建立紧密、合理的利益联结机制。同时，政府也鼓励农民以土地承包经营权、资金、技术、劳动力等生产要素入股，实行多种形式的联合与合作，与龙头企业结成"利益共享、风险共担"的利益共同体。

合同方式的优点是形式灵活多样，既可以是单纯的"买卖合同"，也可以是附加企业若干义务的"服务式合同"，还可以是共享流通、加工环节增值利润的"返利式合同"。其缺点是，在市场不景气、产品销售不畅时，农户的利益往往得不到保障；而当产品需求旺盛、供不应求时，公司的原料往往又无法保证。这种松散的联合不够稳定，容易受短期利益影响，制约了产业化经营组织的健康、可持续发展。

第二节　农村产业融合发展的服务支撑

推进农村第一、第二、第三产业融合发展是主动适应经济发展新常态的重大战略举措，也是加快转变农业发展方式的重大创新思维。要搭建公共服务平台，创新农村金融服务，强化人才和科技支撑，改善农业农村基础设施条件，支持贫困地区农村产业融合发展，完善多渠道农村产业融合服务。

一、人才服务

（一）主要政策措施

进入 21 世纪以来，随着新农村建设的提出，全国职业教育工作会议的召开，农业职业教育发展目标相应地转变为"培养社会主义新型农民"，国家进一步对农业职业教育和培训政策进行改进与拓展。

首先，农业职业学校开始改革。农业职业学校推行学分制。这是一项增强职业教育灵活性、针对性和开放性的新举措。与此同时，各个职业学校建立相应的配套措施，诸如教学质量管理体制、课程体系等。实施学分制不仅增强了职业学校学习的灵活性与开放性，而且能从客观上促进工学结合。

其次，实施教育扶贫。教育部要求各地政府要建立健全中等职业学校学生资助制度。资助的形式可以多种多样，例如采用助学贷款、教育券、奖助学金等。近年来，国家出台了多项关于完善家庭经济困难学生职业教育资助制度的规定，使职业教育资助覆盖面和强度不断扩大。

最后，振兴发展农业教育。推进部部共建、省部共建高等农业院校，实施卓越农林教育培养计划，办好一批涉农学科专业，加强农科教合作人才培养基地建设。进一步提高涉农学科（专业）生均拨款标准。加大国家励志奖学金和助学金对高等学校涉农专业学生倾斜力度，提高涉农专业生源质量。加大高等学校对农村，特别是贫困地区的定向招生力度。鼓励和引导高等学校毕业生到农村基层工作，对符合条件的，实行学费补偿和国家助学贷款代偿政策。深入推进"大学生村官"计划，因地制宜地实施"三支一扶"、大学生志愿服务西部等计划。加快中等职业教育免费进程，落实职业技能培训补贴政策，鼓励涉农行业兴办职业教育，努力使每一个农村后备劳动力都掌握一门技能。加快培养农业科技人才。国家重大人才工程要向农业领域倾斜，继续实施创新人才推进计划和农业科研杰出人才培养计划，加快培养农业科技领军人才和创新团队。进一步完善农业科研人才激励机制、自主流动机制。制定以科研质量、创新能力和成果应用为导向的评价标准。广泛开展基层农技推广人员分层分类定期培训。完善基层农技推广人员职称评定标准，注重工作业绩和推广实效，评聘职数向乡镇和生产一线倾斜。开展农业技术推广服务特岗计划试点，选拔一批大学生到乡镇担任特岗人员。积极发挥农民技术人员示范带动作用，按承担任务量给予相应补助。

（二）未来支持重点

一是加强政策落实创设。全面落实国家人才队伍建设政策措施，积极争取财政、税收、金融、政府采购、知识产权保护等政策，形成政策支持合力。加强政策创设，把人才队伍建设同落实重点项目、推进重点工作结合起来，加大科技项目、财政项目和强农惠农富农政策支持力度，不断完善农产品加工业人才队伍建设政策体系。二是加强人才平台建设。加强以农产品加工科研院所、大专院校和领军企业为重点的科技创新平台建设，进一步完善科企合作、校企合作机制，为科技创新人才发展创造条件。加强各级乡镇企业培训中心能力建设，发挥农村实用人才培训基地优势，建立一批企业经营管理人才和创新创业人才培训基地。选择一批基础设施完善、服务功能齐全、社会影响力大、示范带动作用强的农产品加工园区和领军企业，建设一批创业基地和见习基地，为农民创业创新提供专业化、特色化、个性化服务。加强人才信息服务平台建设，逐步建立覆盖面广、优势互补、资源共享的人才信息服务系统，促进人才信息交流，提高人才管理科学化、信息化水平。健全人才评价使用机制，完善以能力、业绩为主要内容的人才评价标准，探索第三方或专业中介机构开展人才评价，推动人才评价的科学化和社会化。三是加强公共服务。各级农产品加工业和乡镇企业服务机构要立足服务产业发展，进一步履行公共服务职责，把服务农产品加工业人才队伍建设作为重要任务，加强队伍建设，强化职业理想、职业道德和职业纪律意识教育，拓展服务功能，创新服务方式，提高服务能力，更好地发挥服务新业态、新模式和新主体发展的重要保障作用。充分调动科研、教学、行业协会和社会中介组织的积极性，整合资源，聚焦聚力，为农产品加工业人才队伍建设提供积极有效的服务。

二、科技服务

科技服务是现代服务业的新型业态，是科技创新体系的重要组成部分，是推动创新驱动、经济发展方式转变、产业价值链升级和产业融合发展的强大动力。农业产业结构调整、农业发展方式转变和农村第一、第二、第三产业融合等重任，需要科技服务业提供强有力的科技创新资源支撑。目前，我国农业科技服务机构主要分为行政型和非行政型组织，行政型主要是农业推广体系和农业科研院所；非行政型组织主要是合作社、龙头企业、行业协会等。

（一）科技服务现状

1. 基层农技推广体系改革与建设不断推进

近年来，我国不断深化基层农技推广体系改革，通过健全机构、明确职责、理顺体制、稳定队伍、创新机制、优化模式、强化管理等一系列措施，推动基层农技推广体系健康发展。各省不断加强对县级农业农村部门的指导和管理，紧紧围绕本县农业农村经济工作重点，强化公共服务职能，细化农技推广服务目标任务，及时下达到各级农技推广服务机构，分工到岗，责任到人，并通过严格的绩效考评，强化对补助资金和农技人员的管理，切实做到奖惩分明，提高服务效能。

2. 服务模式不断巩固和创新

基层推广体系不断完善并巩固以"专家定点联系到县、农技人员包村联户"为主要形式的工作机制和"专家+试验示范基地+农技推广人员+科技示范户+辐射带动户"的技术服务模式，建立健全县、乡、村农业科技试验示范基地网络。基层推广组织还广泛采用好的技术服务模式、集成轻简适用的农业技术以及科学高效的运行管理机制，积极利用基于移动互联的农技推广服务云平台、农业科技网络书屋等信息化服务手段推广农业技术，推进农业科技进村入户，努力提高技术到位率。

3. 不断加强农技人员队伍建设

在做好基层农技人员岗位教育和知识更新工作的前提下，根据不同需求，采取异地研修、集中办班和现场实训等方式，大力开展农技推广骨干人才培养工作，探索建立农技人员"跟踪科研、学习技术、快速应用"的长效机制。各地结合"特岗计划"，鼓励高校涉农专业毕业生到乡镇从事农技推广服务工作，改善农技推广队伍结构，提升推广服务水平。

4. 社会经营性组织参与科技服务的积极性越来越高

在"政府购买农业公益性服务"的指导下，我国经营性服务体系快速发展并初具规模。包括病虫害防治专业合作社、动物诊疗机构、渔民合作社、畜牧合作社、农机作业服务组织、农机维修厂及维修点、农机经销点、农机供油点、沼气服务站、各类中介服务组织、专业服务公司、专业市场和农业产业化龙头企业（含农产品加工企业），以及各类农产品市场、信息服务平台等。开展的服务主要包括六大类，一是病虫害统防统治，"一喷三防"；二是农机深耕深松，水稻集中育秧和机插秧，玉米、油菜、棉花、甘蔗机械化收获，秸秆、尾菜等农业废弃物回收和处置，农膜回收与利用，配方施肥和增施有机肥，粮食烘干等；三是小麦、大豆、常规水稻、甘蔗、棉花等作物统一供种；四是畜禽粪便污水、病死畜禽和不合格农业投入品无害化处理，基层动物防疫，水产养殖病害防治等；五是农业面源污染防治，农产品产地安全质量提升；六是12316热线咨询服务，农业云租赁。

（二）主要政策措施

1. 成立专门的组织机构

如在基层农技推广体系改革建设中，我国专门成立了基层农技推广体系改革与建设工作协调小组，加强部门之间的沟通协调，推进政策落实。根据中央的工作分工，在农业农村部的推动下，成立了由农业农村部部长担任召集人，中编办、国家发改委、财政部、人力资源和社会保障部、科技部、教育部、国家林业和草原局等相关部门分管领导参加的基层农技推广体系改革与建设工作协调小组。自协调小组成立以来，农业农村部与相关部门进行了广泛而细致的沟通，明确了推进基层农技推广体系改革与建设的工作思路和工作重点，落实具体工作措施，为改革与建设工作的稳步推进提供了重要保障。

2. 强化财政资金投入，创新投资方式

在开展政府向经营性服务组织购买农业公益性服务的过程中引入市场机制，通过政府订购、定向委托、以奖代补、贷款担保、招投标等方式，支持具有一定资质的经营性服务组织从事可量化、易监管、受益广的农业公益性服务，创新农业公益性服务有效实现方式。同时积极探索对经营性服务组织建设集中育秧、粮食烘干、农机场库棚等受益面大但收益较低的服务性基础设施的支持方式，提高服务的针对性和供给效率。

（三）未来支持重点

要以农产品加工业科技创新与推广为核心，促进科技创新与经济发展紧密结合，为推动农产品加工业持续稳定健康发展提供坚强的科技和人才支撑。

一是不断增强农产品加工重大共性关键技术创新能力。加强企业技术需求征集，组织科研单位、大专院校与企业协同攻关，提高科技创新的针对性和时效性。进一步强化企业创新主体地位，全面落实企业技术开发费用所得税前扣除，技术改造国产设备投资抵免所得税和企业技术创新，引进、推广资金等扶持政策，鼓励企业增加创新投入，激发企业创新活力，在科技创新的基础上全面推进管理创新、产品创新和市场模式创新。坚持"引进来"与"走出去"相结合，用好国际国内两种创新资源、两个科技市场，加强国外先进技术引进吸收消化再创新，不断提高自主创新能力。

二是加快提升农产品产地初加工技术装备水平。要加强粮食、果蔬等大宗农产品烘干储藏保鲜共性关键技术创新和推广，开发新型农产品初加工设施装备，不断降低农产品产后损失水平。要以实施农产品产地初加工补助政策为重点，充分利用农机购置补贴等强农惠农富农政策，加强农产品分级、清洗、打蜡、包装、储藏、运输等环节技术、工艺和设施集成配套，实现"一库多用、一窖多用、一房多用"目标。加强适用技术先行先试，熟化推广一批特色农产品加工技术，提高特色农产品加工水平。

三是大力促进农产品加工科技成果转化推广应用。要坚持成熟技术筛选、技术配套集成与推广一体化设计、产业化推进，开展成熟技术筛选推广，发布行业重大科技成果，培育科企合作先进典型，引导科研更好地为产业服务。要加强科技成果推广转化平台建设，

在办好全国农产品加工科技创新与推广活动和区域性科企对接活动的基础上，加快推进互联网与科技成果转化结合，探索建立线上线下紧密结合的科技成果转化电子商务平台，集中展示最新技术、工艺、装备和产品，为科研单位和加工企业更广泛对接创造良好的条件，有条件的地区要积极建立农产品加工科技成果转化交易中心。全面落实国家科技成果转化扶持政策，完善科技成果转化和收益分配机制，不断激发和调动企业、科研院校的创新积极性，推动科技成果高效转化应用。

三、信息服务

（一）信息服务现状

当今世界，信息化的迅速发展为产业融合提供了新的引擎和催化剂，加速了产业融合的进程。农业信息服务业也为农村第一、第二、第三产业融合发展提供了新的动力和黏合剂。

1. 农业信息化网络平台初具规模

我国农业信息技术应用研究起步较晚，但发展较快。目前，已在农业、畜牧业、渔业、农垦、农机、农业科技教育、农产品市场等领域建立了一批政府、科研机构、农业院校、企业和社会团体等网站，农业信息网络有了一定的规模和数量，农业信息资源得到了一定程度的开发利用。

2. 农业信息服务模式多样化

常见的农业信息服务模式有中国移动推出的农信通系统、县乡村三级信息服务站及信息连锁超市、各种类型的农业专业协会、农民之家服务场所及三电合一基建项目等。利用农业信息服务站制作大量农业技术视频，通过机顶盒和电视机为农民提供远程点播；开通市、县两级"三农"热线。通过广播、电视、手机短信、固定电话、农业信息快报等方式实现与互联网的有机结合，极大地拓宽了信息的传播途径。

3. 信息化技术渗透到整个农业产业

农业信息监测是掌握和分析农业生产环境与条件的有效手段，是利用计算机技术、遥感技术（卫星遥感、航空遥感）、地面接收和分析网络技术所构成的技术系统，是将网络技术和数据库技术运用于农业生产的现代农业生产趋势，是大规模、高效率发展现代农业的技术依据。信息化应用于灾害预防包括两个方面，一是建立地理信息系统（AGIS），将3S技术——地理信息系统、全球定位系统、遥感技术（RS）应用于灾害研究和预防；二是开发利用地理信息系统软件，分析建立灾害技术模型。

（二）主要政策措施

一是加强组织领导与协调。在各级政府的统一领导下，各级农业农村部门要明确推进农业和农村信息化的组织协调机构，研究解决农业和农村信息化建设中出现的问题，加强部门之间的协作配合，引导社会力量合力推进农业和农村信息化。

二是建立健全法规与标准。加快研究制定农业和农村信息化建设相关法律法规，建立健全相关工作制度，推动农业和农村信息化建设规范化和制度化。研究制定相关软硬件技术标准、数据标准、信息采集和处理标准等，重点制定信息采集、存储、加工、处理标准和信息服务规范，加快制定农业信息分类和编码标准。

三是加快信息资源整合与技术研发。完善信息共享机制，建设标准统一、实用性强的信息共享平台和公共数据库，推动农业各行业和其他涉农部门资源整合。积极鼓励科研部门、院校和企业研究开发低价位、易推广、简单实用的信息技术产品，为农业和农村信息化提供有力的技术支持。

四是创新投入机制与运营机制。加强农业和农村信息化建设，是政府部门强化公共服务职能的重要任务，必须多渠道增加投入。要建立社会力量广泛参与的信息化投融资机制，建立农业与涉农部门之间、系统上下之间有效的组织协调机制，建立与电信运营、IT企业、民间组织、农民之间的密切协作机制，为农业和农村信息化建设不断注入新的活力。

（三）未来支持重点

一是建设新型农村日用消费品流通网络。适应农村产业组织变化趋势，充分利用"万村千乡"、信息进村入户、交通、邮政、供销合作社和商贸企业等现有农村渠道资源，与电子商务平台实现优势互补，加强服务资源整合。推动传统生产、经营主体转型升级，创新商业模式，促进业务流程和组织结构的优化重组，增强产、供、销协同能力，实现线上线下融合发展。支持电子商务企业渠道下沉。加强县级电子商务运营中心、乡镇商贸中心和配送中心建设，鼓励"万村千乡"等企业向村级店提供 B2B 网上商品批发和配送服务。鼓励将具备条件的村级农家店、供销合作社基层网点、农村邮政局所、村邮站、快递网点、信息进村入户村级信息服务站等改造为农村电子商务服务点，加强与农村基层综合公共服务平台的共享共用，推动建立覆盖县、乡、村的电子商务运营网络。

二是加快推进农村产品电子商务。以农产品、农村制品等为重点，通过加强对互联网和大数据的应用，提升商品质量和服务水平，培育农村产品品牌，提高商品化率和电子商务交易比例，带动农民增收。与农村和农民特点相结合，研究发展休闲农业和乡村旅游等个性化、体验式的农村电子商务。指导和支持种养大户、家庭农场、农民专业合作社、农业产业化龙头企业等新型农业经营主体和供销合作社、扶贫龙头企业、涉农残疾人扶贫基地等对接电商平台，重点推动电商平台开设农业电商专区、降低平台使用费用和提供互联网金融服务等，实现"三品一标""名特优新""一村一品"农产品上网销售。鼓励有条件的农产品批发和零售市场进行网上分销，构建与实体市场互为支撑的电子商务平台，对标准化程度较高的农产品探索开展网上批发交易。鼓励新型农业经营主体与城市邮政局所、快递网点和社区直接对接，开展生鲜农产品"基地+社区直供"电子商务业务。从大型生产基地和批发商等团体用户入手，发挥互联网和移动终端的优势，在农产品主产区和主销区之间探索形成线上线下高效衔接的农产品交易模式。

三是鼓励发展农业生产资料电子商务。组织相关企业、合作社，依托电商平台和"万村千乡"农资店、供销合作社农资连锁店、农村邮政局所、村邮站、乡村快递网点、信息进村入户村级信息服务站等，提供测土配方施肥服务，并开展化肥、种子、农药等生产资料电子商务，推动放心农资进农家，为农民提供优质、实惠、可追溯的农业生产资料。发挥农资企业和研究机构的技术优势，将农资研发、生产、销售与指导农业生产相结合，通过网络、手机等提供及时、专业、贴心的农业专家服务，与电子商务紧密结合，加强使用技术指导服务体系建设，宣传、应用和推广农业最新科研成果。

四、基础设施

（一）主要政策措施

主要包括以下两个方面的内容。

财政支持。近年来，国家持续加大农村民生工程投入力度，完善农村水、电、路、气、信等基础设施，加快推动农村饮水安全、农村道路、电网改造、农村沼气、危房改造等方面的建设。

信贷支持措施。一是调整优化农业农村基础设施建设贷款期限，其中水利建设贷款（含农村水电贷款）一般不超过 20 年，最长不超过 30 年；农村土地整治贷款一般不超过 10 年，最长不超过 15 年，须执行"卖地还贷"要求；农民集中住房（含农村危房改造）贷款最长不超过 15 年；棚户区改造贷款一般不超过 20 年，最长不超过 25 年；农村基础设施建设贷款最长不超过 20 年；农村路网贷款一般不超过 20 年，最长不超过 30 年；农业综合开发贷款一般不超过 15 年，最长不超过 20 年；县域城镇建设贷款（含整体城镇化建设项目贷款）最长不超过 20 年；特许经营项目贷款最长不超过 30 年；参加银团贷款的，可执行牵头行拟定的贷款期限政策。二是调整优化农村路网贷款区域准入政策，采用委托代建、政府授权公司自营模式，还款来源主要为省级以下财政资金的农村路网贷款，其所在区域最新年度本级公共财政预算收入和转移性收入（返还性收入、一般性转移支付收入和可用于项目建设的专项转移支付收入）合计应达到 10 亿元（含）以上，且本级公共预算收入达到 7 亿元（含）以上。

（二）未来支持重点

一是加强农村宽带、公路等设施建设。完善电信普遍服务补偿机制，加快农村信息基础设施建设和宽带普及，推进"宽带中国"建设，促进宽带网络提速降费，积极推动 5G 和移动互联网技术应用。以建制村通硬化路为重点加快农村公路建设，推进城乡客运一体化，推动有条件的地区实施公交化改造。二是提高农村物流配送能力。加强交通运输、商贸流通、农业、供销、邮政各部门和单位及电商、快递企业等相关农村物流服务网络和设施的共享衔接，发挥好邮政点多面广和普遍服务的优势，逐步完善县乡村三级物流节点基础设施网络，鼓励多站合一、资源共享，共同推动农村物流体系建设，打通农村电子商务"最后一千米"。推动第三方配送、共同配送在农村的发展，建立完善农村公共仓储配送体系，重点支持老少边穷地区物流设施建设。

第八章
电子商务与新农村建设

第一节 电子商务的基础理论

一、电子商务概述

（一）电子商务的概念

电子商务是指各种具有商业活动能力的实体，包括生产企业、商贸企业、金融机构、政府机构、个人消费者等利用计算机网络等先进技术进行的各项商业贸易活动，也即商务活动的各参与方之间以电子方式在互联网上完成产品或服务的销售、购买和电子支付等业务交易的过程。

电子商务的重要技术特征是利用 Web（指 World Wide Web，万维网）技术来传输和处理商业信息。其主要功能包括网上的广告、订货、付款、客户服务和货物递交等销售、售前与售后服务，以及市场调查分析、财务核计和生产安排等商业操作过程。电子商务不仅涉及信息技术和商业交易本身，而且涉及诸如金融、税务、教育等社会其他层面。完整的电子商务一般包括商情沟通、资金支付和商品配送三个阶段，并分别表现为信息流、资金流和物流的发出、传递和接收。简单地说，电子商务是指在互联网上进行的商务活动。

国际商会于 20 世纪 90 年代在巴黎的世界电子商务会议上提出电子商务是指实现整个贸易活动的电子化。从涵盖范围方面可定义为：交易各方以电子交易方式而不是通过当面交换或直接面谈方式进行的任何形式的商业交易。从技术方面可定义为：电子商务是一种多技术的集合体，包括交换数据、获得数据以及自动捕获数据等。从其对电子商务定义的实质来看，也可简单地将电子商务理解为买卖双方之间利用互联网（Internet）按一定的标准进行的各类商务交易，它是旨在实现物流、资金流与信息流和谐统一的新型贸易方式。

电子商务有广义和狭义之分。狭义的电子商务也称作电子交易，主要是指利用 Web 提供的通信手段在网上进行的交易，企业在网上利用电子数据交换的方式代替传统的纸介交易方式，通过网上电子转账系统和税收征管系统进行资金支付、划拨和结算。广义的电子商务包括电子交易在内的利用 Web 进行的全部商业活动，如市场分析、客户联系、物资调配等，也称电子商业。这些商务活动可以发生于公司内部、企业之间及企业与客户之间。企业之间通过互联网相连，实现在跨国、跨地区之间方便、快捷地收集市场信息、宣传产品和树立企业形象，进行商业洽谈。

电子商务通常缩写为 EC，是一种全新的商务活动模式，它充分利用互联网的易用性、广域性和互通性，实现了快速可靠的网络化商务信息交流和业务交易。电子商务与传统的商务活动相比，具有交易环境的虚拟性、交易活动的低成本性、交易活动的高效率性、交易过程的透明性、交易时间地点的无限性、交易的动态联盟性等特征。

（二）电子商务的特点与本质

1. 电子商务的特点

电子商务的特点包括：一是电子商务是各种通过电子方式而不是面对面的方式完成的交易，因此，电子商务不是泡沫；二是电子商务是信息技术的高级应用，是现代信息技术与商务的结合，用来增强贸易伙伴之间的商业关系；三是电子商务是一种以信息为基础的商业构想的实现，用来提高贸易过程中的效率；四是电子商务是商业的新模式，其本质是商务，而非技术，是信息技术在商务活动中的应用，电子商务是改良而非革命；五是电子商务是全方位的，既包括前台，也包括后台在内的整个运行体系电子化。不仅是建网站，而且关系企业发展全局。不仅是网上销售产品，网站可以用于企业内部沟通，用于树立企业形象，用于售后服务支持等。

综上所述，各行业的企业都将通过网络连接在一起，使各种现实与虚拟的合作都成为可能。一个供应链上的所有企业都可以成为一个协调的合作整体，企业的雇员也可以参与到供应商的业务流程中。零售商的销售终端可以自动与供应商连接，不再需要采购部门的人工环节，采购订单会自动被确认并安排发货。企业也可以通过全新的方式向顾客提供更好的服务，这不是只有大企业才能实现的构想。互联网为中小企业提供了一个新的发展机遇，任何企业都可能与世界范围内的供应商或顾客建立业务关系。信息的有效利用成为新经济模式中企业增强竞争力的重要手段，电子商务必将成为基本的贸易与通信手段。

2. 电子商务的本质

基于新的商业模式，可以看出，纯粹的电子商务企业是组成全球网络供应链中的一个重要环节，其目标是通过提供交易信息和交易平台（主要是交易订单和交易结算）的公共服务，从而提高交易主体之间的交易效率。

如将 ASP（指 Active Server Pages，微软公司开发的服务器端脚本环境，可用来创建动态交互式网页并建立强大的 Web 应用程序）也列为电子商务企业，则可以将电子商务的本质概括为以下三个方面：公共交易信息服务、公共交易平台服务、公共应用系统服务。电子商务企业的收入来源主要提供上述三类服务而取得应有的收入，主要包括：按交易额提取少量（一般不到1%）的交易服务费、广告费、社区会员费、深层次信息服务费、应用系统运行平台租赁费、应用系统租赁费、应用系统实施咨询费等。

（三）电子商务的功能

1. 电子商务的主要功能

（1）广告宣传。一是电子商务可凭借企业的 Web 服务器进行浏览，在互联网上发布各类商业信息。二是客户可借助网上的检索工具迅速地找到所需商品信息，而商家可利用网上主页和电子邮件在全球范围内做广告宣传。三是与以往的各类广告相比，网上的广告成本更为低廉，而给顾客的信息量却更为丰富。

（2）咨询洽谈。一是电子商务可借助非实时的电子邮件、新闻组和实时的讨论组来了解市场和商品信息、洽谈交易事务，如有进一步的需求，还可用网上的白板会议来交流即时的图形信息。二是网上的咨询和洽谈能超越人们面对面洽谈的限制，提供多种方便的异地交谈形式。

（3）网上订购。一是电子商务可借助 Web 中的邮件交互传送网上的订购。网上的订购通常都是在产品介绍的页面上提供十分友好的订购提示信息和订购交互格式框。二是当客户填完订购单后，通常系统会回复确认信息单来保证订购信息的收悉。订购信息也可采用加密的方式使客户和商家的商业信息不会泄露。

（4）网上支付。一是电子商务要成为一个完整的过程，网上支付是重要的环节。客户和商家之间可采用信用卡账号实施支付。二是在网上直接采用电子支付手段可省略交易中很多人员的开销。三是网上支付需要可靠的信息传输安全性控制，以防止欺骗、窃听、冒用等非法行为。

（5）电子账户。一是网上的支付必须要有电子金融来支持，即银行或信用卡公司及保险公司等金融单位要为金融服务提供网上操作的服务。而电子账户管理是其基本的组成部分。二是信用卡号或银行账号都是电子账户的一种标志。而其可信度需配以必要技术措施来保证，如数字凭证、数字签名、加密等手段的应用提供了电子账户操作的安全性。

2. 电子商务的优越性

电子商务提供企业虚拟的全球性贸易环境，大大提高了商务活动的水平和服务质量。新型的商务通信通道的优越性是显而易见的，其优点包括：一是大大提高了通信速度，尤其是国际范围内的通信速度；二是节省了潜在开支，如电子邮件节省了通信邮费，而电子数据交换则节省了管理和人员环节的开销；三是增强了客户和供货方的联系，如电子商务系统网络站点使客户和供货方均能了解对方的最新数据，而电子数据交换则意味着企业之间的合作得到了加强；四是提高了服务质量，能以一种快捷、方便的方式提供企业及其产品的信息和客户所需的服务；五是提供了交互式的销售渠道，使商家能及时得到市场反馈，改进本身的工作；六是提供全天候的服务，即每年 365 天，每天 24 小时的服务；七是电子商务增强了企业的市场竞争力。

二、电子商务对社会经济的影响

随着电子商务魅力的日渐显露，虚拟企业、虚拟银行、网络营销、网络广告等一大批前所未闻的新词汇正在为人们所熟悉和认同，这些词汇同时也从另一个侧面反映了电子商务正在对社会和经济产生巨大的影响。

1. 电子商务改变了商务活动的方式

传统的商务活动最典型的情景就是"推销员满天飞""采购员遍地跑""说破了嘴、跑断了腿"，消费者在商场中筋疲力尽地寻找自己所需要的商品。现在，通过互联网只要动动手就可以了，人们可以进入网上商场浏览、采购各类产品，而且还能得到在线服务；商家可以在网上与客户联系，利用网络进行货款结算服务；政府还可以方便地进行电子招标、政府采购等。

2. 电子商务改变了人们的消费方式

网上购物的最大特征是消费者的主导性，购物意愿掌握在消费者手中；同时消费者还能以一种轻松自由的自我服务的方式来完成交易，消费者主权可以在网络购物中充分体现出来。

3. 电子商务改变了企业的生产方式

由于电子商务是一种快捷、方便的购物手段，消费者的个性化、特殊化需要可以完全通过网络展示在生产厂商面前，为了取悦顾客，突出产品的设计风格，制造业中的许多企业纷纷发展和普及电子商务。

4. 电子商务给传统行业带来一场革命

电子商务是在商务活动的全过程中，通过人与电子通信方式的结合，极大地提高商务活动的效率，减少不必要的中间环节，传统的制造业借此进入小批量、多品种的时代，"零库存"成为可能；传统的零售业和批发业开创了"无店铺""网上营销"的新模式；各种线上服务为传统服务业提供了全新的服务方式。

5. 电子商务带来了一个全新的金融业

由于在线电子支付是电子商务的关键环节，也是电子商务得以顺利发展的基础条件，随着电子商务在电子交易环节上的突破，网上银行、银行卡支付网络、银行电子支付系统以及电子支票、电子现金等服务将传统的金融业带入一个全新的领域。

6. 电子商务转变了政府的行为

政府承担着大量的社会、经济、文化的管理和服务的功能，尤其作为"看得见的手"在调节市场经济运行、防止市场失灵带来的不足方面起着很大的作用。在电子商务时代，当企业应用电子商务进行生产经营，银行是金融电子化服务，以及消费者实现网上消费的同时将同样对政府管理行为提出新的要求。电子政府或称网上政府，将随着电子商务发展而成为一个重要的社会角色。

总而言之，作为一种商务活动过程，电子商务带来了一场史无前例的革命。其对社会经济的影响远远超过商务本身。除了上述这些影响外，它还对就业、法律制度以及文化教育等带来了巨大的影响。电子商务会将人类真正带入了信息社会。

7. 电子商务支撑农村经济发展

电子商务目前已经成为国际及国内商品交易的主要手段之一，随着各地区网络的不断普及和深化，电子商务产生的贸易量正以迅猛的态势进行壮大，成为国际、国内贸易的新引擎。社会主义新农村建设同样离不开电子商务的作用。发展农村电子商务具有全局性、战略性和前瞻性，与国家发展社会主义新农村的战略一致。电子商务作为现阶段最先进的交易方式，它的存在对农村经济的发展有着强大的推动力。

（1）电子商务活动让农民更加及时地获取市场信息

农民选择生产作物的对象主要依靠自身的经验和往年的销售情况，可以说农民从来没有根据市场行情发展趋势或市场的供求关系进行生产，这就决定了农民生产具有很高的风险性。然而电子商务的开展给农民以更多可靠的消息，农民在网上可以了解现阶段市场上对各种农作物的需求情况、价格趋势以及各种原料的相应性质，进而通过可靠的市场动态来决定生产什么、生产多少、如何生产、怎样才能使土地利用效率最大化。电子商务为农民提供了强有力的信息支持。

（2）电子商务更好地解决了我国农业中出现的"小农户与大市场"的矛盾

单个农民作为生产的主体不能及时了解市场信息，造成农产品不适应市场需求的问题。分散的独立生产者所生产的大宗农产品要汇集到城市中去，分销给众多的消费者，需要一套有组织的完善的销售网络体系，但农户家庭作为农业生产经营的基本组织单元，并不能支撑起日益庞大的农副产品市场的发展，单个用户和市场之间缺乏有效的连接机制，即中介缺失而非市场缺失。农村电子商务的出现就很好地解决了这方面的问题，将小农户与大市场紧密地联系在一起。

（3）电子商务活动有助于农产品的销售

目前农村最困难的就是"卖难"，农民生产出农产品，但是由于信息不对称，生产的农产品销售不出去，这就给农民造成了严重的损失。而通过电子商务，农民可以在网上公开出售自己的农产品，进而更多的采购商可以从网上获取农产品的信息，采购商和农民可以在网上进行讨价还价，在网上进行交易。

（4）电子商务提高了农民的素质和生活质量

电子商务象征着网络和信息时代的到来，这不单是一种先进的交易方式，也是一种很有效的教育方式。农民可以从网上获取各种各样的信息，从而更好地学习和生产，农民同样可以在网上购物，选择自己喜欢的商品，其同样可以享受电子商务的优越性。

同时，电子商务为社会主义新农村建设提供了可靠的支持。建设社会主义新农村是我国的一项基本国策，电子商务的发展有助于农村经济的发展与建设，从根本上解决了农村与城市信息隔绝的现象。

三、物联网技术在电子商务中的应用

物联网是一个由感知层、网络层、应用层组成的社会信息系统工程，在互联网的基础上利用射频识别技术、传感器、全球定位系统等装置和信息技术，实现实时采集，按照协议的约定与互联网结合成为无须人为干预的，通过与网络连接使物理世界的物与物、物与人进行交流的智能网络，并可实现快捷准确的识别、管理和控制。物联网的核心技术之——射频识别技术，是 20 世纪 90 年代开始兴起的识别系统与特定目标不进行机械或者光学接触，仅通过无线电信号来对特定目标进行识别和相关数据读写的一种新型技术。物联网就是主要利用传感器、二维码等技术手段实现对物品的全面感知。

新兴电子商务市场在传统零售业的基础上发展而来，不可避免地具有自动化不强、质量不可控、支付方式单一以及远程支撑能力弱等天然的劣势。如何规避传统电子商务带来的风险，扩展电子商务发展领域，是整个电子商务行业面临的重要课题。电子商务是信息技术与互联网发展的产物，物联网的产生亦是建立在同样的基础之上，使两种新兴的产业有着内在的必然联系。物联网是互联网的延伸和拓展，是信息技术的升级，这对具有虚拟化、自动化属性的电子商务，在其运营组织、过程控制以及线下服务等方面给予了强有力的信息支撑，弥补了其远程支撑能力、信息采集环节缺失等方面的不足。物联网技术可将互联网商务活动中真实存在的东西视为"物"的对象，通过广泛采集物的各类信息，准确追踪判断物的流通过程，实现物联网技术在电子商务的信息流、资金流、商流以及线下的物流配送等各环节的积极推动作用。物联网技术下电子商务企业对该技术的应用，不仅是技术的创新，也是企业管理模式的创新，突破了传统电子商务的局限，更加高效、直接地进行信息互动，不仅能突破电子商务发展的瓶颈，而且提升了电子商务企业核心竞争力的手段，还给电子商务发展带来了新的空间。

第二节　新农村电子商务建设的内涵与外延

一、新农村电子商务概述

（一）新农村电子商务的概念

新农村电子商务的概念目前还是比较新颖的，到目前为止，还没有明确的定义。对新农村电子商务的含义，可以从传统电子商务和我国新农村建设的背景和意义去理解。电子商务自被人提出以来，就没有一个统一的定义，不同研究者和组织从各自的角度提出了对电子商务的定义和认识，这些不同的定义与认识与电子商务应用环境有关。

电子商务是信息技术和经济发展的必然产物。电子商务是指买卖双方之间利用网络按一定标准进行的各类商业活动。而农村电子商务的本质上也是一种交易活动，不同于一般的商业电子商务，它是以农产品的交易为基础的，通过现代化信息技术和通信技术的支持，借助相应的网下物流的帮助，使农产品可以快速到达消费者手上的过程。即运用电子商务技术来推广农业的发展，提高农村居民收入，改善农民生活水平，以整体提高我国的经济发展水平。农村电子商务的内容主要包括农民、乡镇企业、商家、消费者、认证中心、物流机构和政府部门等方面。农村电子商务通过将传统的交易流程搬到网上进行，从而节约交易成本，实现买卖双方的共赢。因此，可以对新农村电子商务给出如下定义：

新农村电子商务就是以我国新农村建设为背景，借助网络信息技术来搭建一个统一的信息平台，通过网络平台的嫁接和拓展，将农村的各项农务工作进行集成，其中主要内容包括改造传统效率较低下的农业生产经营方式的交易信息平台，保证电子商务良好建设的安全控制措施，推动农业电子商务快速发展的组织模式，通过对安全控制和组织模式的研究来保证农业商务平台的构建顺利进行，协同建设各个平台把传统农村建设成为现代化、高度信息化的社会主义新农村。

新农村电子商务的实施与应用依托的是一个完善的农产品网络信息系统，因此，新农村电子商务的构建是现代农业各种信息的体现者，是现代农务研究的基础，是提高我国农业经济的又一方法，对促进我国农业经济的发展和研究都有非常重大的意义。

（二）新农村电子商务的特点

新农村电子商务以我国新农村建设为背景，依托农村电子商务基础设施建设水平的不断提升，可以有效地整合城市与农村的产品市场。相对于传统的农产品市场，新农村电子商务具有以下四个特点。

1. 突破了农产品交易的时空限制

互联网技术不断发展，为新农村电子商务应用创造了非常巨大的空间。新农村电子商务是依托于农产品市场网络信息化的发展而发展的，电子商务作为农产品的主要营销手段，网上交易、供求信息匹配肯定会成为农产品交易的主要形式。而以无时空约束的网络为依托的农产品网络营销，突破了传统交易的空间、时间、地域，甚至国籍限制，在进行市场拓展时减少了市场壁垒和市场扩展的障碍。目前，企业借助新农村电子商务可以全天候地直接面向全球提供产品营销服务。农产品在电子商务平台上交易的最大特点就是具有互动性，通过网络能让消费者真正参与到营销活动中。双向电子商务平台可以促进买卖双方的一对一交流，并且这种交互式的交流是以消费者为主导的，它使企业与消费者之间的沟通变得更直接、方便、迅速和有效。农产品消费者可以在网上选择所需的农产品，或者提出自己的未来需求。而企业也可以根据消费者提出的需求信息，定制、改进或开发新产品来把握未来市场的走向。新农村电子商务交易平台是一种以消费者为主导，强调个性化的营销方式。因而，农产品电子商务交易平台让消费者可根据自己的个性特点和要求，在平台上选购其所需要的产品，而企业则可以从每一个消费者的消费信息中去摸索消费者的习惯，为其产品创新提供客户支持，准确把握市场走向。

2. 参与主体的广泛性

从以上的新农村电子商务的概念，我们可以认识到新农村电子商务所包含的内容的广泛性。新农村电子商务参与的主体除了传统的农业生产者外，还包括农资产品生产者、政府和超市等。通过参与到新农村电子商务中，他们都能在一定程度上获得收益。与传统农村电子商务相比，新农村电子商务具有更加广泛的参与者。

对农产品的经营者来说，通过新农村电子商务平台可以消费者的个性化要求，可以逐步地提高客户的忠实度。传统的农产品电子商务网站主要以信息发布为主，而没有进一步的对网站的管理，得不到有效的客户和交易。这里提出的农产品电子商务的个性化需求主要是指跟踪用户浏览的路径，挖掘用户行为模式，进而发掘用户的兴趣爱好，成功地引导顾客进行消费。

对广大的农户和客户来说，通过新农村电子商务平台可以及时有效地获取农业生产的相关信息，农户、客户可以通过电子商务的交易信息平台进行商务洽谈，平台还可以聘请农业技术专家对农民的生产进行技术指导。与传统的农业信息网不同，新农村电子商务平台不仅可以为买卖双方发布供应信息和求购信息，也能提供一个网上交易的场所，同时可以根据用户提交的供求信息主动为顾客进行供求信息的匹配，方便买卖双方快速对接，当然用户也可以直接去浏览查找相关信息。

3. 农产品及农资产品交易的高效性

借助新农村电子商务平台开展的农产品交易市场作为一种全新的农产品交易方式，和传统交易方式相比具有明显的优势。与传统的农村电子商务相比，新农村电子商务提出通过双向供求匹配系统来加速供求双方信息的快速匹配，保证交易的效率和速度。农产品在电子商务平台上可以加快农产品信息传播的速度，同时可以实现农产品企业与消费者直接沟通，避免了大部分中间环节，从而降低了交易成本。传统农产品供应链中，农产品由企业到批发商，再到零售商，层层加价，消费者的购买成本增加，并且由于农产品本身的特点也容易造成其自身交易成本的上升。而在新农村电子商务的交易平台中，消费者以出厂价直接从农产品企业购买产品，实现了消费者和企业的共赢。农产品企业直接将新鲜的特色农产品快速上架，加快了农产品的市场流通。由于我国农产品存在"买卖双难"的问题，网上交易可以扩大交易范围，增加交易机会，节约交易成本，从而提高交易效率，使我国农业的原有优势得到相应的发挥，而且使其原有的劣势逐步改善，也极大地增强了我国的农产品在世界市场上的竞争力。

4. 经济性

新农村电子商务的交易信息平台可以缩减农产品在供应链中各环节的协调成本，在保证交易进行的同时，能使买卖双方联系得更加紧密。平台为消费者提供了信用安全保证，避免了交易过程中错误的发生。

通过新农村电子商务平台，消费者可以有效地降低信息的搜索成本。与传统的交易模式相比，平台可以直接给予用户、供应商及其产品的相关信息，这就节省了客户的信息搜集时间和成本。同时，由于新农村电子商务平台给予了供应商和消费者一个交流平台，买卖双方可以直接进行交流，从而越过了多层次的批发和零售环节，节约了交易中间成本，最终让利给消费者和供应商。

新农村电子商务平台通过网下的物流集成平台，可以有效地降低农产品配送成本。通过集成和配送路径的优化选择，越过多个批发零售环节，可以有效地进行农产品配送。通过电子商务交易平台，买卖双方可以选择合适的交易对象，进行直接交流，从而促进交易的发生。

在新农村电子商务平台上，所有供应商的信息、产品价格、供求信息和市场动态等信息息都会在相应模块进行查询公布，打破了买卖双方的信息公开程度不对称的状态，使供应商以产品质量、优质服务和产品价格来提升自身竞争力，吸引更多消费者。

（三）我国农业电子商务应用模式

电子商务应用模式最常见的是按交易主体类型进行划分，主要有三类：B2B（Business To Business），即企业与企业之间的电子商务；B2C（Business To Consumer），即企业与客户之间的电子商务；C2C（Consumer To Consumer），即客户与客户之间的电子商务。在传统的农产品交易模式中可以找到类似的模式，我们暂且将传统交易模式与电子商务交易模式的这种对应关系称为传统农产品交易模式向农业电子商务环境下的平移。大型农产品批发市场类似于B2B，农产品专营店，如农资、化肥、种子专营店类似于B2C，而农产品集贸市场则类似于C2C。

随着电子商务行业竞争日益激烈，电子商务行业的应用模式在竞争中不断创新，出现了B2B2C（Business To Business To Consumer，即"供应商到电子商务企业到消费者"）、C2B或者O2O（Online To Offline，即"线上到线下"）等新型电子商务应用模式。但从交易主体上来看，电子商务乃至商务的主体，依然是企业或组织，即B和个人，即C。农业电子商务的核心是从事农业商务的组织和个人。

（四）农村电子商务的发展优势

1. 经营成本低

在零售企业开店投入的资金中，相当一部分花在地皮上。在大城市，寸土寸金，一些繁华地带的地租动辄每平方米上万元，这样的高成本投入，使我国零售企业在与"狼"共舞中很难拥有价格优势。而农村市场开发程度低，地价也大大低于城市，大大节约了企业的资金，降低了经营成本。另外，农村地区劳动力成本也低于城市。大城市人口密度大，消费水平高，劳动力工资水平自然也水涨船高；中小城市、农村地区，收入水平与大城市整体相差悬殊。

2. 竞争阻力小

相对于大城市你死我活的惨烈商战，中小城市和农村明显竞争不足。目前，占据这些地区商业领域的主要是一些地方的中小型商业企业以及为数众多的零散经营个体零售业者，普遍存在规模小、布局混乱、组织化程度低、商品质量差等诸多问题。因此，我国商业零售企业正好可以充分利用自身在品牌、资金、管理等方面的优势轻松占领市场。除了直接投资开店之外，还可通过收购、兼并、嫁接、加盟等形式的资产重组吸纳那些当地不景气的商场、市场，实现低成本、大规模的扩张。

3. 市场潜力大

我国是一个农村人口占绝大多数的国家，从这个意义上说，只有占领了农村市场才是真正占领了我国市场。尽管现在农民的购买力相对比较低，但农村丰富的人口资源在一定程度上弥补了购买力的不足。从长远来看，我国要建设小康社会，农村经济的发展、农民收入的提高是关键，因此农民购买力的提高是一个必然趋势，农村市场的潜力是无限的。

（五）农业电子商务的发展阶段

1. 农业电子商务必经发展阶段

（1）政府为主体、从"无"到"有"的启动建设阶段。此阶段以政府为主导，以面向农民提供农业信息服务为主，兼顾涉农企业。

（2）企业为主体、政府补贴的媒体平台阶段。该阶段的盈利模式有三种：一是向农用生产资料企业收取广告费。由于在很多农村地区还未能解决"最后一千米"（即进入农家）问题，广告受众有限，所以广告收费难以维持公司的正常运营。二是政府提供项目经费支持。如在实施农业信息化建设项目、农村信息扶贫项目过程中，通过购买公司开发的手持终端机等方式，对公司给予财政上的支持。三是开展农业电子商务的公司，通过承包政府农业信息化项目建设，如软件开发、为政府提供技术支持等，获得财政上的支持。该阶段也有政府牵头、企业赞助的模式。不过，考虑到经济效益，企业赞助的区域范围及其所赞助的设备和技术是有限的。

（3）以企业为主体，搭建 B2B 商务平台。农民对市场信息的需求超越了简单的供求信息发布之后，就想通过更广阔的平台获得更大的经济效益，农产品电子商务将成为核心之一。

2. 农业电子商务的开展方式

（1）没有农业企业网站的电子商务。很多人认为农业企业要开展电子商务必须建立自己的网站，其实，如果自身资源有限的话，可以不必建立独立的网站。国内有慧聪网、eBay 易趣、淘宝网、京东、拼多多等著名的大型电子商务网站，它们为企业或个人提供了很好的电子商务平台，企业只需要在上面注册自己的网上商店，刊登自己的供求信息，就可以很好地推广自己，这样，企业就可以花少量的投资甚至免费来实现初级电子商务。

（2）拥有农业企业网站的电子商务。由于网站的级别不同，各个农业企业开展的电子商务方式也不相同。比如有的企业网站上仅提供企业名称，以及一些简单的产品介绍、联系方式，这种企业仅借助网站，在互联网平台上介绍自己，好比一张名片，实际的商务活动实现仍然是传统的方式；而有的企业网站里已经实现了在线购物，甚至在线付款等功能，它们完全可以利用互联网平台销售自己的产品和服务。农业企业选择什么样的网站形式，要根据自身实际来决定。

二、新农村电子商务的发展趋势

随着我国信息化和城镇化进程的加快，农村电子商务技术不断更新，影响范围不断扩大，对农村经济社会的渗透不断深入，呈现出以下四个趋势。

1. 由传统电商向新型电商转变

这一转变是信息技术不断发展的结果，初期的农村电子商务主要是农业企业、农民专业合作社和农业生产大户通过互联网平台发布农产品供求信息，实现农产品购销，其模式是：农产品网站+电话+货运公司，即先通过网站发布农产品供求信息，再通过电话进行商务洽谈，最后签订购销合同，由卖方或买方组织货运完成交易，这种模式在很大程度上挣脱了地理位置的束缚，拓展了农产品交易市场。随着互联网、电商平台、网络支付、社会信用、商业保险等软环境的发育成熟，更多的农业经济组织和个人走向了即时线上交易平台，并跟随信息产业的成长一路发展了 B2B、B2C、C2C、B2B2C 等电子商务交易模式。这种"本地产品+电商平台+网络支付+专业物流"的模式大大提高了交易的效率，降低了双方的交易成本。甚至在"互联网+"的推动下，农家乐经营户、民宿业主、观光农场也实现了线上交易、线下现场消费体验的 O2O 电商模式。

2. 从单向电商向双向电商转变

这一转变则得益于部分农村地区仓储、交通、物流、信息设施等硬件设施的逐步完善。与到实体店购物相比，网络购物不仅可挑选范围大、送货上门，而且价格便宜，对远离大城市的农村地区有莫大的吸引力。在农村消费品电商发展的同时，电子商务配套产业的不断发展成熟，专业物流企业农产品仓储物流的触角逐渐延伸到广大农村地区，农村的小生产也逐渐与更大的市场实现了对接。只要有一台电脑、一根网线，甚至只需要一部智能手机，农户就可以在淘宝网、微店等电商平台零成本开店经营，这让农村电子商务不再是农业企业的"专利"，一些受教育程度较高的农村青年从中发现商机，开始把本地特产甚至家具、服装等商品放到网店出售，一大批农民网商涌现让农村电商实现了农产品从田间到消费者的极简模式，农村电子商务的信息流、物流不再是单向的消费品购买，而是形成了与不同分工的行业和地区互通有无的双向电商。

3. 从经济发展向改善民生转变

这一转变离不开政府的推动。电子商务向农村地区的延伸无疑是经济利益驱动的结果，一方面是生产、生活消费品向农村开拓消费市场，另一方面是农产品、乡村旅游资源对外营销增收。但从政府角度来看，在农村地区发展电子商务不仅可以发展农村经济、带动农民增收，还是优化社会管理、改善农村公共服务、缩小城乡差距、让农民共享发展成果的民生工程，比如政府机构、事业单位和国有企业依托电商平台开展的特色办证、公开拍卖、网络售票等。特别是政府推动的"农村信息化示范工程"重在建设"集农产品综合服务、农产品交易、全网代购"于一体的农村电商综合平台，构建农产品信息服务、检测、仓储配送中心，实现农产品生产与营销的全程服务。

4. 从个体电商向区域电商发展转变

这一趋势主要体现在：一是遍地开花的农民网商，通过产业集聚自发形成了淘宝村、淘宝镇等区域化农村电商。二是以阿里巴巴、京东、苏宁为代表的电商企业纷纷启动了电商下乡的步伐。三是中央政府将三农作为核心工作，陆续出台各种推动农村互联网发展的政策措施，加快农村电子商务覆盖速度。

在提出"互联网+"战略方针后，互联网就向各行各业渗透、融合，帮助各行业升级转型。"互联网+农业"也是在这个大背景中诞生的，而构建农村电子商务是其中最受瞩目的模式，国家明确提出发展农业电子商务是作为推动经济新动力之一。国家政策的大力支持，让农村电商的前景变得更为广阔。在政府工作报告前，国家就已经发布了一系列关于农业政策的文件，囊括了农村电子商务、农垦改革、农村深改等各个方面，其中发展农村电商被视为重点，继续加大对农村电商的扶持，政策层面已然证实"互联网+农业"的风正刮起。不过目前农村电商发展仍面临诸多难题，如物流问题、人才问题、产业链信息不对称、农产品标准化程度低等。但随着国家投入的力度加大，这些难题都会得到突破性的解决，如"实现村村直接通邮"项目，让农村电商发展最后一千米的物流配送难题取得了实质性突破，政府在农村电商的物流方面还将加大投入，物流难题最终也会迎刃而解。农村电商的出现顺应了互联网发展趋势，并极大地满足了农村市场的需求。随着农民收入持续增长，越来越不满足于目前农村商业体系的现状，对生活品质提出了更高的要求。同时互联网向农村市场的渗透，给"互联网+农业市场"带来了巨大的想象空间，如产前市场种子、化肥、农业等基础建设规模就超过 2 万亿元。综上所述，农村电商未来发展不会一帆风顺，必定会有诸多难题，从业者需解决各类痛点，才能在巨大的市场空间中分得一杯羹。

第三节　以区域为核心的农村电子商务模式

一、发展较好的区域性农村电子商务发展模式

1. A2A 农村电子商务模式

A2A（Area To Area，区域对区域）农村电子商务模式实质上是区域对区域的电子商务发展模式，该模式主要是将分散的小农户所生产出来的小宗农产品用各种交通运输工具汇聚到城市，然后将产品分销给广大的消费者，而且该发展模式需要依赖完善的销售网络体系的支持。

A2A 农村电子商务模式的具体运作为分散的农户，利用先进的互联网技术，将产品信息发布在网络上，并且实时地调查掌握市场信息、行业信息等，及时地调整销售方案，并且及时地回馈消费者的信息。另外，在物流配送上，在每个村构建一个信息站，并且配置多名配送员，进行短程的集中配送，用综合信息平台对配送情况进行督导，完成一系列的配送任务。

2. A2B 农村电子商务模式

A2B（Area To Business，区域对商家）农村电子商务模式实质上是区域对商家的电子商务发展模式，目前，该模式在新农村建设上发挥着重要作用，在新农村建设中"一村一品"农产品深层次加工现象逐渐突出，这无疑打破了传统的发展模式对电子商务营销范围、规模效应的限制，利用专业的合作社，在先进的互联网技术的支持下，农产品的营销与配送均由专业人员负责，从而降低运行风险。另外，A2B 农村电子商务发展模式能将一个区域内的类似农产品信息利用互联网凝聚起来，形成更加规范的期货信息，在网上进行实时的发布与更新，从而实现网上农产品交易，如竞拍、合约、期货、网上洽谈等项目的

开展，降低网上交易风险，而且在物流上建立一个虚拟的专业市场，从而全面提升农民的经济利益，服务于新农村建设，产生强大的社会效益。

3. B2A 农村电子商务模式

B2A（Business To Area，商家对区域）农村电子商务模式实质上是商家对区域的电子商务发展模式，该模式下，农村电子商务商家将各种农资，如农产品、化肥、农药等通过信息员从农民手中统一采购，标价发布在网上，并且在网上加强产品的宣传，吸引消费者的注意力，在一个区域内进行一系列的采购、销售、管理，缩短中间流通环节，从而降低价格，实现商家、农民、消费者的经济利益共赢。

二、农村电子商务对区域的影响

1. 农村电子商务对个人的影响

电子商务的发展速度超出了常人的想象，它波及的范围越来越广，电子商务已经不是城市的代名词，它在农村也生根发芽，农民参与电子商务的各个环节，也享受着它带来的便捷。农村消费者要想搭上便捷的快车，还必须对自己提出严格的要求，不仅要了解有关这一新的经济模式的基础知识，而且还要熟悉交易平台的规则，实现无障碍购物。所以消费者只有不断地学习和更新新知识，才能紧跟时代的发展。农村消费者也可以实现足不出户，可以多层次地获取相关的信息，在家中轻松完成购物，并利用网络快速地完成交易环节，无形当中使消费者对服务的满意程度大大地提高。

2. 农村电子商务对企业的影响

农村电子商务的应用对企业最大的影响就是使其决策更加规范。借助电子商务系统，管理者的决策发生了前所未有的变化，其更多地倾向于非结构化决策，这种决策能给消费者带来更多的好处，管理幅度与管理层次都发生了显著的变化，最终实现企业想要的效果。在今天如火如荼的农村电子商务市场上，网络成为农村企业内部信息交流的主要工具，也是外部信息交流的一个窗口，信息的主流模式也发生了变化，由之前的"一对一、一对多"转变成了"多对多"，一份业务报告可以同时实现多个上级和多个部门的协同，业务范围也更加广泛，实现了跨区域、跨国家的业务合作，对从事农村电子商务的企业提出了更高的挑战。农村电子商务企业所面临的是顾客需要和购买行为的全新变化。企业要转化之前的思路，更多地依据现实客户的变化而变化，重新设计和优化消费者的购物流程。

3. 农村电子商务对产业的影响

农村电子商务是农村急需拓展产业的产物，在区域信息产业逐渐没有障碍的今天，产业的服务信息显得尤为重要，这样对区域的产业提出了更高的要求，小到影响一个区域的产业布局，大到影响一个国家的经济结构的调整。我国农村市场上农产品种类多，地域分布广，每个地区都有其区域特色，时而会出现产品滞销的问题。在没有互联网之前，农户处于信息流的弱势，不能实现有效的信息对称，销售困难，农产品滞销。随着农村电子商务在农村的推广，农户可以利用互联网工具足不出户地了解市场的最新需求，获取自己想得到的相关服务信息以及在线技术支持。这样就可以将之前松散型的、低效能的组织转变成为新型的农村电子商务组织，这个组织包含了生产、加工、储存、运输、销售等功能。农村电子商务发展对新时代的农民提出了更高的要求，农民对接受知识的内容、形式、手段都有了不同的认识，这种鲜明的变化带来的是农民的转型。

4. 农村电子商务对政府的影响

农村电子商务的发展对政府职能部门也提出了更大的考验，对其相应的管理行为也提出了新的挑战。参与农村电子商务的已经不是简单的交易双方，它涉及农村电子商务的各个环节，发展农村电子商务仅靠政府其中的一个部门是远远不够的，而是需要多部门联动，需要协作主导，这就需要有政府部门来主导此事，也需要有法律来做依托，以及政策框架的强有力的综合协调。农村电子商务的发展给政府管理带来新的挑战，政府要从宏观和微观上双重把握，根据农村电商环境的变化适时调整管理策略，使农村经济实现跨越式发展。

三、区域环境下农村电子商务应用

（一）内容分析

1. 区域环境下"多维嵌套"式农村电子商务应用现状与可行性调研

主要包括农村电子商务应用基础设施建设现状；农村电子商务第三方网络平台现状；农村电子商务物流平台现状；农村电子商务金融平台现状；农村电子商务人才现状；区域环境下农村电子商务应用可行性。

2. 区域环境下"多维嵌套"式农村电子商务需求分析

农业生产对电子商务的需求分析；农业生活对电子商务的需求分析；农村劳动力市场对电子商务的需求分析；新农村建设对电子商务的需求分析。

3. 区域环境下"多维嵌套"式农村电子商务应用思路与步骤

主要包括解决农村电子商务应用困境的"上下联动、内外结合、大小结合、跨区域合作、村校合作、村企合作、村专合作"建设思路，以及基于该思路下的规划、分析、设计、实现、保障的建设步骤。

4. 区域环境下"多维嵌套"式农村电子商务应用特性研究

农村电子商务构建的区域性；农村电子商务构建的合作性；农村电子商务构建的层次性；农村电子商务构建的服务性；农村电子商务构建的支撑性。

5. 区域环境下"多维嵌套"式构建对策研究

构建对策概括为：一个环境、一批人才、两个区域，两种机制。"一个环境"是指营造农村电子商务的硬件环境；"一批人才"是指培育本地化电子商务人才；"两个区域"是指建立农村网商创业园区和培育农村电子商务示范区；"两种机制"是指农村电子商务工作运行机制和农村电子商务发展专项扶持机制。

（二）方案设计

维度一，"资源与资源支持匮乏型区域"。对农村现有资源进行分析，适用于现有资源较匮乏、行政资源接入较少的区域。使用已有的、成熟的、市场化的电子商务平台，采用"农户+网络+公司"模式，让农户成为网商，直接对接市场，依靠"典型网商"销售模式进行裂变、复制、扩张。这种模式具有简单、灵活、易操作、易传播的特点，但同时也有其局限性，例如，分散、缺乏规范等。

维度二，"资源优势明显型区域"。适用于自身已形成较为成熟的优势资源，利用网络平台进行辅助销售。采用"农产品连锁企业+农户+多网络+公司"模式，该模式利用已经形成的自身优势资源，例如，特色产品超市、连锁店等，将优质产品带进城市，为农户提供可销售的实体网络。同时利用虚拟网络平台建立基于区域特色产品的电子商务平台，结合分散的农民网商，形成实体网络、专业农产品平台、分散农民网商相结合的多网络产供销体系。促进农业发展，提高农民自身水平。这种模式具有分散整合、保证传播、平台共享、资源共享、虚实结合等特点。

维度三，"行政资源支持丰富区域"。适用于自身就具有较为丰富的资金、行政支持区域。可开展自建或合作建立区域自己的特色电子商务网络平台、农村信息社区、农村电子政务。采用"政府+企业+农户+多网络+公司"模式，该模式充分利用自身丰富的资金和政府有力的行政支持，将农村电子商务、农村信息社区和农村电子政务联系起来，搭建线上与线下、政府与企业、企业与农户、农户与公司、虚拟与现实的多角色多网络的交易环境，将区域、资金、政府优势充分融合，开拓农村电子商务更新更高的局面。这种模式具有多项整合、政企联合、农企联合、多平台、高度共享等特点。

四、区域为核心的农村电子商务模式发展

1. 相关政策的支持

我国农村电子商务的发展离不开政府的支持是众所周知的事实，而政府该如何发挥作用是研究的重点，经实践发现，基于区域为核心的农村电子商务模式战略发展中的相关政策的支持，需要从政府的扶植意识和能力上抓起，在扶植的过程中，政府要严格地落实"不缺位、不越位"，不能越俎代庖，为农村电子商务的发展环境提供良好的因素，不能越过农民的意愿和市场的需要进行不必要的干涉，应根据市场调查结果，制定出详细而科学的政策文件，指导农村电子商务发展。另外，政府要相信农民和市场都具有自我调节的能力，政府只负责支持和监督。但是对那些市场失灵，农民不能自主解决的问题，政府则要严加干预，发挥政府强大的调节能力，帮助农民解决问题，推动新农村建设，维护广大农民的切身利益，为我国的农村电子商务发展提供公共服务，促进我国区域性农村电子商务健康、可持续发展。

2. "播神火"和"接地气"——体现农村电子商务强大的包容性

为了有效地体现出农村电子商务强大的包容性，要从"播神火"和"接地气"谈起，其中"播神火"是指政府鼓励和促进、大力传播自下而上的农村电子商务发展模式，旨在为我国的农村电子商务的发展营造良好的学习氛围和政策环境，以便促进我国农村电子商务的健康、可持续发展，而且农民在发展电子商务的过程中，政府帮助农民解决自身难以解决的问题，保障其切身利益，维护市场稳定；其中"接地气"是指政府的辅助作用在农民自主实现电子商务发展中起到促进作用，将亿万农民的切身利益落到实处。

3. 创新区域性农村电子商务发展模式，全面提升相关工作人员的综合素质

创新是发展的不竭动力，因此，应根据现代社会的发展特征，积极地创新农村电子商务发展模式。另外，长期以来，由于我国农民的科学文化素质还是比较落后，导致其对电子商务的认识存在一定的偏差，往往使其在从事电子商务的过程中出现许多问题，大多农民不敢轻易尝试，致使我国农村的电子商务发展相对滞后。因此，需要通过各种各样的方式全面提升相关工作人员的综合素质，纠正他们的认识偏差，使农民可以借鉴成功的案例，并增强其社会责任感，为推动农村电子商务健康、可持续发展保驾护航，从而帮助更多的农民走上农村电子商务的创业致富之路。

4. 构建完善的电子商务市场化网络平台

利用多媒体技术、互联网技术、现代管理技术、云计算技术等优势，构建完善的电子商务市场化网络平台，促使农民自发在淘宝、拍拍等市场化的交易平台进行产品交易，减少中间流通环节，实现网络平台的开放性。根据市场变化，及时地调整相应的信息，而且农民可以在网络市场交易平台上开店，进行销售、交易等，基本上满足消费者的所有需要，拓展农产品的营销范围。另外，可以自动生成信用机制，交易双方都需遵守支付安全体系并有安全支付绑定。重要的是，网络市场化平台产生了空前的人气凝聚，交易双方、服务等都归纳在一个庞大的体系中，简化了农产品营销流程，农民可以根据人气指数调整产品的销售方式和销售价格，促进交易额的上升，从而全面提升农民的经济收益，且能有效地帮助"三农"问题的解决。我国现有的基于区域为核心的农村电子商务模式有 A2A 农村电子商务模式、A2B 农村电子商务模式、B2A 农村电子商务模式，而且 ABC（Agents Business Consumer，即代理商、商家和消费者共同搭建的电子商务平台）农村电子商务发展模式是我国区域性农村电子商务未来必然的发展趋势。与此同时，只有不断加强相关政策的支持"播神火"和"接地气"——体现农村电子商务强大的包容性、创新区域性农村电子商务发展模式且全面提升相关工作人员的综合素质、构建完善的电子商务市场化网络平台，才能有效地推动我国农村电子商务的健康、可持续发展。

第四节　电子商务与农村经济社会转型

一、经济社会转型视角下的我国农村电子商务

（一）农村经济社会转型与新农村建设

1. 农村经济社会转型

我国正处于经济社会转型的过程中。在我国当代语境下，经济转型，一般指的是我国经济资源配置方式由计划经济向社会主义市场经济转变、经济发展方式由粗放型向集约型转变（或简称"两个根本转变"）的过程；而社会转型，指的是中国社会由传统社会向现代社会的转化过程。

必须强调指出，对中国经济社会的现代化转型，我们的认识经历了由传统工业化向新型工业化的转变。

中国社会的现代化转型与发达国家不同，我们是在工业化任务尚未完成的情况下，便

已经置身于全球信息革命的时代。如何理解信息化的历史要求，如何处理信息化与"四化"，特别是与工业化的关系，是我们不可回避的战略性问题。在信息革命时代，信息通信技术在中国经济社会转型中必将发挥越来越重要的作用。信息化不仅涉及手段，而且关涉目标。国家业已提出"五化并举""两化融合"和"两化深度融合"的战略方针，这是我们在当今信息化的时代，推进中国经济社会转型的必然选择。

"五化并举""两化融合"更是农村经济社会转型的任务，作为覆盖国家发展全局的战略任务，当然也适用于农村。不仅如此，从城镇化、工业化的某种角度上看，"五化并举""两化融合"更是农村经济社会转型的任务。农村的经济社会转型是整个中国经济社会转型的基础和主体。

2. 农村转型与新农村建设

涉及"三农"的信息化，本身包含了非常丰富的内容。涉农电子商务也会从多层面、多角度发挥助力农村经济社会转型的作用。虽然人们对涉农信息化，包括对涉农电子商务与农村经济社会转型之间关系的研究刚刚开始，还有待深入，但从理论界到实践者，相关研究成果已开始出现。

（二）我国涉农电子商务新发展阶段的特点

1. 由以往政府主导向多元主体联合驱动发展

从总体上观察我国涉农电子商务的发展，一方面，政府各涉农主管部门仍一如既往或更加大力地推动涉农电子商务；另一方面，特别在近年，有更多的企业，包括通信运营商、电子商务平台服务商、信息技术解决方案提供商和其他非政府机构、组织，在涉农电子商务，尤其是自下而上的涉农电子商务发展中，正在发挥越来越明显的作用。

2. 由长期徘徊于信息服务向交易服务深化拓展

涉农电子商务交易的实现，不能离开信息流，但也不能仅靠信息流，除信息流外，它还受到交易产品本身特性、成本、利润、批量、物流、支付等诸多因素的影响。由于种种主客观条件的制约，多年以来由政府主导的涉农电子商务一直主要徘徊于信息服务，很难进入和完成实际交易过程。

随着涉农电子商务条件逐步趋好，各地从事涉农电子商务交易服务的探索也日见增多。不仅依托市场化第三方平台，涉农电子商务的在线交易越来越多地得以完成，而且，包括一些原来长期从事农村电子商务信息服务的主体，也开始向在线交易进军。

3. 由原来侧重于涉农电子商务的经济意义转向助力农村经济社会的全面转型

涉农电子商务在实践中有着多种不同形式的发展，其主要的驱动主体、发展起点、条件组合、演进路径有所不同。在更多地方的实际发展中，涉农电子商务的起步最初主要是为了满足驱动主体的经济诉求，驱动主体之所以从事电子商务，是因为它能为自己带来经济效益。但在其后的发展中，特别在那些发展较为成功的地方，我们看到，电子商务不仅让这些驱动主体、相关的从业者增加了经济收入，而且还全面地改善了他们的社会地位，推动了当地农村经济社会发生了多方面的变化。

4. 涉农电子商务进入新阶段的主要驱动力

我们认为，涉农电子商务进入新的发展阶段，在其背后，主要有如下三种驱动力联合发挥了重要作用。

一是国家政策。国家确立并持续实施新农村建设战略，贯彻实行了"城市反哺农村"、城乡统筹发展的方针政策。从而，涉农电子商务的发展获得了更多的支持，特别是开展涉农电子商务所需的信息基础设施、交通物流条件等进一步得到改善。

二是市场环境。近年，社会化、市场化的各类电子商务平台的发展日趋成熟，电子商务服务业有了长足的进步。

三是用户拓展。我国的互联网和电子商务应用发展到了从城市向农村自然拓展的阶段。通过要素在城乡之间的流动，电子商务应用由城市向农村蔓延已成为必然趋势，农村中蕴藏的电子商务潜能也必然越来越多地被激发出来。农村网商中的成功者，为身边乡亲们利用网络脱贫致富，提供了看得见、学得会的示范，如同燎原的星火，正以点带面地吸引着更多农民投身到农村电子商务中来。

（三）我国涉农电子商务的新进展

1. 涉农电子商务的能力建设取得明显进步

政府、企业和其他各类主体以及越来越多的用户，在信息网络设施、信息终端普及、信息资源开发、信息技术手段和应用系统建设、信息队伍建设等方面持续不断地投入资源，其中，包括国家采取"村村通""家电下乡""信息支农"等各类形式进行能力建设，明显改善了包括涉农电子商务在内的涉农信息化的能力。

尽管现阶段我国城乡数字鸿沟仍然存在，但农业农村信息化能力的进步，毕竟为涉农电子商务的发展提供了必要的条件。

2. 涉农信息服务成绩显著

在涉农信息化应用中，包括农产品供求和价格信息、市场预警、农业生产资料市场信息和监管信息等在内的与涉农电子商务，特别是农业电子商务密切相关的信息服务，在政府的大力倡导和支持下率先发展起来。其中，农业农村部相继建设了农业政策法规、农村经济统计、农业科技与人才、农产品价格等多个行业数据库。

这些涉农信息资源的开发和信息服务对涉农电子商务的开展，以至于大量的线下交易都具有积极的促进作用。

3. 涉农电子商务的在线交易有实质推进

在先行启动大宗农产品期货和现货的电子交易的基础上，近年，越来越多的涉农经营主体开始利用各种电子商务平台和渠道，开展小宗的农产品和非农产品的交易活动，难以标准化经营的生鲜类农产品的在线交易，也引起了市场主体越来越大的兴趣。

特别值得关注的是，如前面的数据和案例所示，越来越多的农民也开始以不同方式接入某种甚至是同时接入某几种电子商务平台，在线直接销售或促销当地的农副产品与非农产品；也有越来越多的农民以电子商务的方式采购所需的生产资料和生活资料，通过电子支付的方式实现交易。

（四）涉农电子商务与农村经济社会转型

随着涉农电子商务进入新的发展阶段，一方面，涉农电子商务自身在发展中会出现越来越多的新气象；另一方面，它在推动农村经济社会转型方面的作用也必将越来越多、越来越明显地表现出来。然而，就目前现实情况看，涉农电子商务与农村经济社会转型尽管客观上存在关联，但人们对它的认识尚不充分，在相关政策的安排上也有值得改进之处。

加强对涉农电子商务与农村经济社会转型关系的研究，探索和揭示二者之间的规律，立足亿万农民追求美好生活的内在需求，调整和改进相关政策，对以信息化助力新农村建设，加快我国农村经济社会的转型，是非常必要的。

二、农村电子商务在农村经济社会转型中的作用

1. 改变农村从业者传统的社会身份

通过在网上开店持续从事电子商务经营，越来越多的村民放弃了几千年来"面向黄土背朝天"的劳动方式，改变了他们原来"日出而作，日落而息"的生活方式。他们用鼠标、键盘代替了锄头，按用户网络购物的时间调整自己的作息表，足不出户地在网上做生意，以网上订单组织生产和销售活动。从而，通过经营活动的变化，改变了他们传统的社会身份。

一些经营规模快速成长的农村网商，通过雇佣关系，变身为老板。有的网商雇用了很多当地和周边的农民，像城市的大工厂一样，上下班需要打卡。

2. 提高从业者和相关农户的经济收入

涉农电子商务在取得实质发展的同时，事实上明显提高了当地从业者的收入水平，让

自己和相关参与者的经济生活发生了巨大的变化。

3. 提高农民组织化水平

农村电子商务的开展，有助于改善当地农民和农业生产组织化的状况。涉农电子商务的经营者们，担负着组织和汇聚农民原本分散的买卖需求的重任。他们利用各种不同的经营方式组织农民，或直接、或间接地通过电子商务平台对接市场，从而让原本分散的农民提高了组织化水平。

一是发展了乡镇，尤其是村级的信息点和信息员。农村从业者将自己的经营模式命名为A2A，即区域对区域。其立意就是为突破了农民的分散性和低素质限制，用根植于村级的加盟信息点和信息员，聚合农民分散的需求，开展涉农电子商务。调研表明，遍布村镇的原有商业、科技、文化、组织等网点，经过必要改造，可以成为发展农村电子商务的有力支点。

二是发展了草根物流。由于自然条件和经济条件的限制，在许多地区，物流快递都难以深入覆盖到村。农民分散的需求，使市场化的物流快递经营者拓展其网络覆盖无利可图。"快递要到30里外的县城自取"，便是这些地方发展电子商务不得不面临的问题。农民网商开始时为了节省快递费用，都是亲自送货到城里物流公司网点的。不过，一旦电子商务营业规模发展起来，物流快递状况便会逐步改善。

三是有助于发展农民专业合作组织。这主要是通过专业合作社和协会等方式实现的。电子商务大大地提升了专业合作社的营销、生产和管理水平。其中一些电子商务公司更是专门为农民合作社开辟网上专栏、展开培训，甚至搭建起农超对接、农校对接的平台；电子商务协会起到了组织网商，进而组织农民，支持农户特别是青年人网络创业的积极作用。

4. 助力农民返乡创业与就近就业

在我们了解的许多自下而上式涉农电子商务的案例中，各地农村从事电子商务的领军人物和中坚力量，多为有较高文化、较多阅历的"农二代"，他们或在外地接受过高等教育，或有过在大城市、大企业工作的经历，或有过创业和管理的经验。当他们选择返乡通过电子商务创业并初见成效后，便引起周围乡亲们纷纷仿效，从而产生一种"滚雪球"的效应，带动更多的人返乡创业和就近就业。农村电子商务的这样一种普及效应，显然得益于农村"熟人社会"特有的有利于知识和技术传播的社会土壤。

农民返乡创业和就近就业，带动了当地经济和社会的发展，使传统的农村显现出小城镇的雏形。其中，服务业的发展扮演了重要的角色。除了返乡人员带回新的劳动方式和生活方式，成为服务业发展的动力外，外来人口的进入和落户更是对当地服务业的发展起到了直接的推动作用。为了满足农民网商外聘和留住高端技术人才与管理人才的需要，当地政府已将公寓式房地产建设项目纳入电子商务园区规划中。大量农村务工者返乡创业和就近就业，对农村富余劳动力就地转化，为我国探索新的城镇化道路提供了新的启发。

5. 改善农民家庭生活质量和农村社会面貌

由外出务工到返乡创业的农村人口大多是农村中年龄结构、文化结构处于最佳阶段的人群。他们返乡创业和就近就业，不用再背井离乡进城务工，直接给他们的家庭生活质量带来明显改善。

农村当地网商有将近一半的农民外出务工，这给当地造成明显的"空巢家庭""空巢村"现象，老人没人管，孩子没人问，夫妻长期分居，带来了很多社会问题。

现在，随着大量外出务工者返乡从事电子商务，使由"空巢家庭""空巢村"带来的很多社会问题迎刃而解。村民家庭生活发生了巨大变化，农村人将现在的生活归纳出"五不耽误"，即不耽误照顾老人、不耽误照看孩子等，一家人在一起一边努力为自己的事业打拼，一边享受着天伦之乐。村镇面貌也因此焕然一新，治安状态大为改善，村民们有正事干，就不再无事生非。这不仅有利于和睦家庭、和谐乡里，而且也造福整个社会。外出务工者的回归，还为当地农村社会管理和公共事务注入了蓬勃生机。

6. 提升农民网商的素质和幸福感

农民开展电子商务，毕竟需要克服文化知识、劳动方式乃至思想方式上的限制。然而，越来越多的成功案例纠正了人们关于农民文化水平低不适于从事电子商务的偏见，而且显示出涉农电子商务包容性发展的特征，让越来越多的农民体会到实现人生价值的幸福感。

7. 农村经济社会的"转基因工程"

总之，涉农电子商务助力农村经济社会转型的作用，可归结为改变了结构，赋能于"细胞"，转变着"基因"。也就是说，电子商务助力农村经济社会转型的作用，已不仅限于农村经济社会活动的表层，而是改变了其深层结构，并且作用于和体现在农村经济社会的"细胞"和"基因"上。

改变了结构：自农村实行分田到户家庭联产承包制度以来，农民一家一户分散的小生产如何对接大市场，一直存在结构性的不足。农户要么直接对接市场，要么在"统分结合、双层经营"的"公司+农户"机制下，通过"公司"的中介去对接市场。以上两种农户对接市场的方式都存在明显的信息不对称问题，农户因其信息劣势带来经济和社会地位的弱势是明显的事实。本来"公司+农户"是为了解决农户直接对接市场时的困难提出来的，在实践中，"公司+农户"的结构事实上并没有真正解决农户市场对接的问题。

涉农电子商务的发展，通过"网络"的介入，打破了"公司+农户"信息不对称的结构，为农户了解和把握市场变化、克服信息弱势，提供了一种新的可能和现实手段。他们既可以不通过传统公司的中介而直接对接大市场，也可以因掌握了更多的信息，在与中介公司打交道时有了更多的话语权。

赋能于"细胞"：电子商务的赋能，对作为农村经济社会"细胞"的农民网商来说，已不再是一个外生的因素，不再是政府或 IT 公司推送给他们的可有可无的东西，而已经成为他们根据自己内在的需求主动选择所形成的劳动方式和生活方式。电子商务与他们这些农村经济社会的新"细胞"已经不可分离。

转变着"基因"：电子商务的赋能影响之深，正在转变着农村经济社会发展的"基因"。它让农民网商及身边越来越多的乡亲们，收获到其祖辈从未有过的信息化所带来的感悟。在实地调研中，我们经常会为那些掌握了现代电子商务能力的农民网商的自信而感动。他们的感悟和自信，代表着信息时代我国农民新的发展观、资源观和价值观。

参考文献

［1］徐宝山，聂君，张雪乔．农村经济管理［M］．北京：化学工业出版社，2022.

［2］李英杰．电子商务与农村经济发展研究［M］．长春：吉林出版集团股份有限公司，2022.

［3］叶继炎，石立波，江昭玉．农村经济综合管理示范特色专业及实训基地建设项目课程系列教材农产品网络营销［M］．沈阳：辽宁大学出版社，2022.

［4］崔超．中国农村集体经济治理体系研究［M］．北京：中国社会科学出版社，2022.

［5］肖红波．中国新型农村集体经济发展与产权制度改革研究［M］．北京：中国农业出版社，2022.

［6］王立胜，张弛．乡村振兴战略与新型农村集体经济［M］．北京：中国社会科学出版社，2022.

［7］姚冠新，张冬梅．低碳经济视角下现代农村物流体系构建与调控研究［M］．镇江：江苏大学出版社，2021.

［8］沈琼，夏林艳，马红春．农业农村经济学［M］．郑州：郑州大学出版社，2021.

［9］戴琼．农村集体经济组织税收问题研究［M］．北京：中国财政经济出版社，2021.

［10］李霞，龚云．中国农村集体经济政策演变研究［M］．武汉：华中科技大学出版社，2021.

［11］应小丽．农村个体私营经济发展与乡村治理研究［M］．北京：中国社会科学出版社，2021.

［12］宋洪远，高鸣，倪坤晓．农村产权制度改革与集体经济发展研究［M］．北京：中国农业出版社，2021.

［13］李雪娇．政治经济学视域下中国农村生态环境问题研究［M］．北京：中国社会科学出版社，2021.

［14］乔光华，李翠霞．畜牧业经济管理［M］．北京：中国农业出版社，2021.

［15］仇晓洁．国家社科基金丛书中国农村社会保障支出经济效应研究［M］．北京：人民出版社，2021.

［16］解静．农业产业转型与农村经济结构升级路径研究［M］．北京：北京工业大学出版社，2020.

［17］吴俊杰，高静，季峥．农村经济发展的金融支持研究［M］．杭州：浙江大学出版社，2020.

［18］徐传武．西部地区农村剩余劳动力转移与经济发展研究［M］．长春：吉林大学出版社，2020.

［19］孙迎春．农村股份经济合作社治理结构法律制度研究［M］．北京：中国政法大学出版社，2020.

［20］孙永军，尹雪英．农村经济法制概论［M］．北京：中国农业科学技术出版社，2020.

［21］肖雁．农村经济分析与政策研究［M］．天津：天津科学技术出版社，2020.

［22］李春芝．现代服务业与农村经济［M］．长春：吉林出版集团股份有限公司，2020.

［23］高向坤．农村经济发展的金融支持研究［M］．长春：吉林大学出版社，2020.

［24］吴雪．多元化视角下农村经济发展策略研究［M］．北京：现代出版社，2020.

［25］杜浩波．新农村经济发展与分析［M］．北京：现代出版社，2019.

［26］莫家颖，黎东升．基于农户视角的农村经济实证研究［M］．北京：中国农业出版社，2019.

［27］钱文荣．中国农村家庭经济活动［M］．杭州：浙江大学出版社，2019.

［28］毛必田，杨建伟，项有英．农村集体经济组织财务管理［M］．北京：中国农业科学技术出版社，2019.

［29］赵新龙．农村集体经济组织成员权的体系构建及其实现机制研究［M］．北京：知识产权出版社，2019.

［30］林丽琼，郭慧文．高等学校农业经济管理类专业核心课程教材农村金融学［M］．北京：高等教育出版社，2019.

［31］钟霞，杨应策，李佐红．乡村振兴战略背景下农村集体经济发展机制研究［M］．成都：四川大学出版社，2019.